Tauchparadies Karibik

Die 80 schönsten Tauchplätze

Patrick Mioulane
Raymond Sahuquet

unter freundschaftlicher Mitarbeit von:
Arnaud Descat, Jacques Desprez, Yves Lefèvre,
Dominique Mandolin, Jean-Michel Oyhenart,
Nathalie Pasquel, Lionel Pozzoli,
Jean Raux und Jean-François Rochard

INHALT

Der »Schwierigkeitsgrad« für jedes Tauchgebiet wird durch ★ dargestellt:

★   Tauchen auch für Anfänger möglich

★★   Grundtauchschein/Brevet Elementar

★★★   Tauchabzeichen DTSA Bronze/CMAS*, PADI Open Water Diver oder vergleichbare Qualifikation

★★★★   Ausgedehnte Taucherfahrung

Für »Qualität der Tauchplätze« und »Sonstige Sehenswürdigkeiten« gilt:

★   interessant

★★   sehr interessant

★★★   ausgezeichnet

★★★★   außergewöhnlich

Damit der Leser unsere Abenteuer besser nachvollziehen kann, haben wir die Tauchplätze 1 bis 80 durchnummeriert und auf der Karte der Karibik auf den Seiten 4 bis 5 markiert.

FLORIDA
1 Crystal River
2 Ginnie Springs
3 Fort Lauderdale
4 5 Key Largo
6 Islamorada
7 Marathon
8 Key West

BAHAMA-INSELN
9 Walker's Cay
10 Theo's Wreck
11 Coral Star
12 Coral Harbor
13 South West Reef

14 Andros
15 Crown Islander
16 Comberbach
17 Provo
18 Grand Turk

GROSSE ANTILLEN
19 Pinos
20 Cayo Largo
21 Bloody Bay
22 North Wall
23 Stingray City
24 Airport Reef
25 Sands Club Reef
26 Montego Bay

27 Paradise Reef
28 San Juan
29 Fajardo
30 Culebra
31 St. Croix
32 St. Thomas
33 Salt Island
34 Virgin Gorda

INSELN ÜBER DEM WIND
35 Sandy Island
36 Prickly Pear
37 Spanish Rock
38 Grand Case

39 Tintamarre
40 41 Gustavia
42 Shark Shoal
43 Tent Reef
44 The Wall
45 St. Eustatius
46 Salt Tail Reef
47 Weymouth Reef
48 Cades Reef
49 Taubeninseln
50 Marie Galante
51 Les Saintes
52 Blue Marine
53 Der Diamant
54 St. Pierre
55 Bell Buoy Reef

INSELN UNTER DEM WIND
56 Angel Reef
57 Black Forest
58 Los Roques
59 Las Aves
60 Cayo Sombrero
61 Forest Reef
62 Ebo's Reef
63 Dania's Leap
64 Mushroom Forest
65 Sandy's Plateau
66 Piedra Pretu
67 Kantil Reef
68 Golden Island
69 Skalahein Reef

AN DER MAYA-KÜSTE
70 Anthony's Key
71 West End Wall
72 Romeo's Resort
73 Fantasy Island
74 St. George's Lodge
75 Blue Creek
76 Lighthouse Reef
77 Contoy Reef
78 Banderas Reef
79 Little Caves
80 Paradise Reef

BAHAMAS

BAHAMA-INSELN

GROSSE ANTILLEN

HAITI

DOM. REPUBLIK

PUERTO RICO

KARIBISCHES MEER

INSELN ÜBER DEM WIND

INSELN UNTER DEM WIND

KOLUMBIEN

VENEZUELA

FLORIDA

Florida, das Land der Sonne und der Entspannung für die Taucher aus der ganzen Welt, ist einer der beliebtesten Plätze, wo sie sich versammeln. Tauchen kann man hier zwölf Monate im Jahr. Am angenehmsten sind aber die Monate Mai/Juni und September/Oktober.

Wie überall in den Vereinigten Staaten ist das Tauchen in Florida äußerst professionell organisiert. Die hier »dive shop« genannten Tauchbasen verfügen über bemerkenswert gute Ausrüstung, angefangen beim simplen Bleigewicht bis hin zu antriebsstarken Booten, mit denen die Ausfahrten zu den Tauchplätzen durchgeführt werden. Größter Wert wird auf maximale Sicherheit gelegt. Deshalb wird zwingend die Vorlage eines anerkannten Brevets über die Tauchausbildung verlangt, bevor man sich einschreiben kann. Ab Anfang 1992 ist die CMAS (Confédération Mondiale des Activités Subaquatiques = Weltverband der nationalen Tauchverbände) offiziell in den USA anerkannt. Es ist deshalb nicht mehr erforderlich, vergleichbare Zertifikate von PADI zu erwerben.

Tauchen in Florida, das heißt natürlich Tauchen vor den berühmten Keys mit ihren Marineparks, den sehr reichen Korallenriffen sowie den beeindruckenden Wracks. Daneben empfehlen wir, die zahlreichen Quelltöpfe (von den Amerikanern »springs« genannt) zu erkunden, wo man in Süßwasser von beeindruckender Klarheit das Tauchen und vor allem das Kavernentauchen erlernen kann. Hier in Florida findet man übrigens die einzige Stelle auf der Welt, wo der Taucher auf Tuchfühlung mit den liebenswürdigen Manatees kommen kann.

Vergessen Sie schließlich auch nicht die touristischen Attraktionen rund um Orlando, namentlich Disney World, Sea World, das EPCOT Center, die Universal Studios, die MGM-Studios und so weiter.

Vorhergehende Seite: Die Manatees *(Trichechus manatus)* haben zwar einen bemerkenswert großen Kopf und wirken sympathisch. Es gehört aber viel Phantasie dazu, in ihnen die verführerischen Sirenen zu erkennen.

Rechte Seite: Am Eingang des »Teufelsauges«, Ginnie Springs, blickt ein Taucher von der Wasseroberfläche aus in die Tiefe.

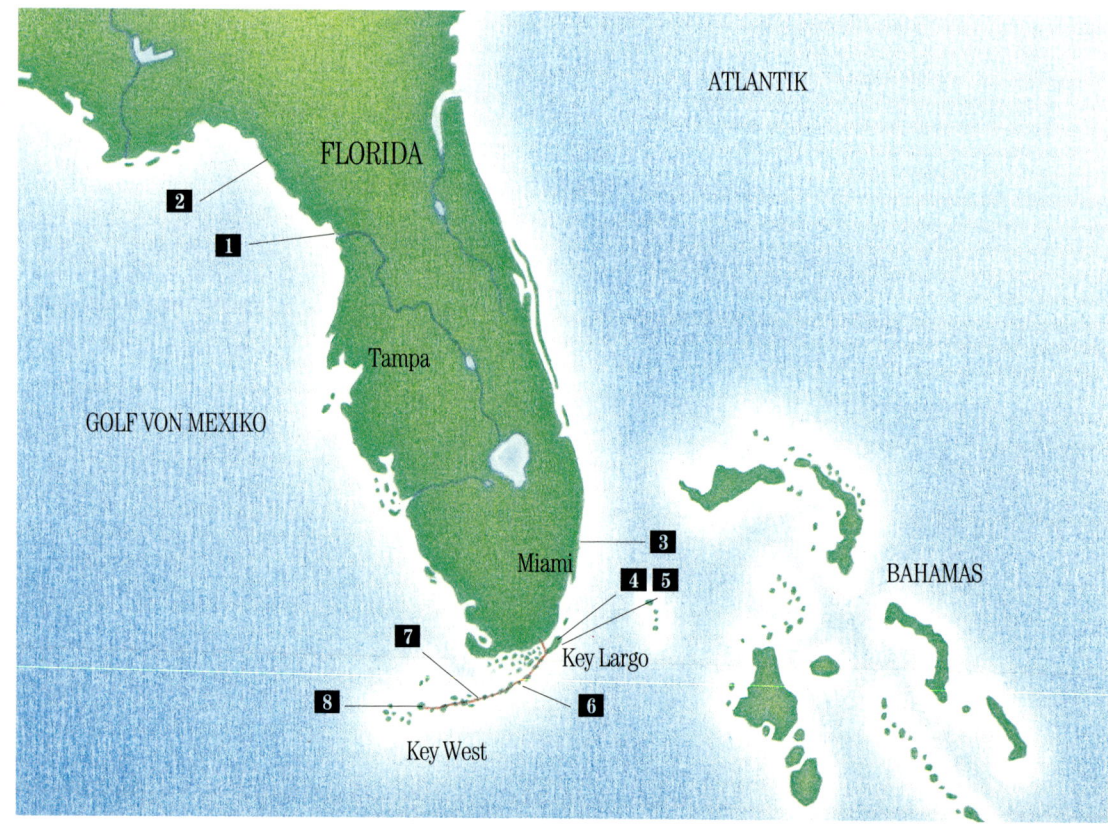

1	Crystal River
2	Ginnie Springs
3	Fort Lauderdale
4 5	Key Largo
6	Islamorada
7	Marathon
8	Key West

ATLANTIK

FLORIDA

Tampa

GOLF VON MEXIKO

Miami

BAHAMAS

Key Largo

Key West

1

1 Die jungen Manatees sind dem Menschen gegenüber nicht scheu.

2 Die Manatees sind wohl eher sympathisch als graziös zu nennen. Diese Seekühe sind die Ursache für die Legenden von den Sirenen gewesen.

3 Im Licht der aufgehenden Sonne präsentiert sich der Crystal River in seinem ganzen Zauber.

4 Als Säugetier muß der Manatee *(Trichechus manatus)* an der Wasseroberfläche atmen.

CRYSTAL RIVER
Die sagenumwobenen Seekühe

SCHWIERIGKEITSGRAD	★
QUALITÄT DER TAUCHPLÄTZE	★ ★ ★ ★
SONSTIGE SEHENSWÜRDIGKEITEN	★

Wenn im Winter das Wasser des Golfs von Mexiko auskühlt, flüchtet sich ein seltsames Tier in die milden Quellgewässer des Crystal River. Hier findet es Nahrung im Überfluß, um seinen unersättlichen Appetit zu stillen. Dieses friedliche Säugetier wurde früher von manchen gerne mit den Sirenen verwechselt…

Praktische Tips

Der Crystal River (»Kristallfluß«) ist der winterliche Sammelplatz der Manatees *(Trichechus manatus)*. Er liegt an der Ostküste Floridas, etwa 200 Kilometer nördlich von Tampa. Die Infrastruktur für den Tourismus ist hier, wie überall in den Vereinigten Staaten, perfekt organisiert. Zahlreiche Hotels und Gästezimmer erwarten die Besucher im gleichnamigen Ort Crystal River. Die Saison beginnt Anfang November und geht mit der Abwanderung der letzten Seekühe in die Flußmündung im Laufe des März zu Ende. Die gesamte Tauchausrüstung läßt sich am Ort anmieten, desgleichen die leicht zu manövrierenden Flachbodenboote. Das Schutzgebiet der Manatees ist deutlich ausgeschildert. Man sollte unbedingt die Bojen respektieren, die einen Teil des Schutzgebietes abgrenzen. Im Crystal River sind die Manatees die ausgesprochenen Stars. Sie sind es, die die Begegnung mit dem Taucher suchen, und nicht umgekehrt! Wenn sie der Aufdringlichkeiten der

flossenbewehrten Zweifüßler überdrüssig werden, können sie sich leicht in den Schutz dieses Reservats zurückziehen, wo sie alleine Zugangsberechtigung haben. Da die Gewässer nirgends tiefer als sechs Meter sind, kann man das Spiel mit den mächtigen Sirenen auch als Schnorchler genießen.

Besonderheiten

Die Süßwasserquellen haben eine Temperatur von annähernd 22°C, was ein außergewöhnliches Wachstum der Wassergräser und -hyazinthen begünstigt. Diese Pflanzen zählen zur bevorzugten Nahrung der Manatees. Die Seekühe, auch Manati oder Lamantin genannt, sind Pflanzenfresser von ungewöhnlicher Größe: Sie können vier Meter lang werden und 900 Kilogramm Gewicht erreichen. Erstaunlich ist die Vorstellung, daß die frühen Seefahrer in ihnen Sirenen, also verführerische Seejungfrauen, gesehen haben. Das hat sogar dazu geführt, daß sie wissenschaftlich in die Ordnung der *Sirenia* klassifiziert wurden! Wahr ist allerdings, daß es unser schnauzbärtiger Dickbauch nicht an Charme vermissen läßt. Mit seiner naturgegebenen Langsamkeit, seiner seltsam behäbigen Erscheinung und seinem fetten Gesicht, in dem ständig ein Lächeln zu stehen scheint, wirkt er unwiderstehlich

anziehend. Bedauerlicherweise sind die Manatees heute durch die Schuld der Menschen vom Aussterben bedroht. Um sie zu schützen, haben die amerikanischen Behörden zu drakonischen Maßnahmen gegriffen, wodurch sich im Crystal River die Bestände Jahr für Jahr wieder erhöhen. Allerdings geht diese Erholung der Population langsam vor sich, da die Weibchen nur alle drei bis fünf Jahre trächtig werden.
Die Manatees sind übrigens das Wappentier des Staates Florida.

Unser Kommentar

Begegnungen mit diesem überaus gutmütigen und sympathischen Tier haben einen außerordentlichen Erlebniswert. Die Manatees zeigen nicht die geringsten aggressiven Verhaltensweisen. Ganz im Gegenteil: Die Jungtiere scheinen den Kontakt mit den Tauchern geradezu zu genießen, und sie scheuen nicht davor zurück, ganz nahe heranzukommen und sich streicheln zu lassen. Schade ist, daß das Wasser nicht immer sehr klar ist. Deshalb sollte man auch drei bis fünf Tage an diesem Platz einplanen, um mit Sicherheit Tage mit guten Sichtbedingungen zu erleben. Am besten besucht man die Manatees am frühen Morgen kurz nach Sonnenaufgang.

1

1 Im »Teufelsauge« zeichnet sich die Silhouette eines Tauchers gegen die Wasseroberfläche ab.

2 Ginnie Springs ist ideal geeignet zur Einführung in das Kavernen- und Höhlentauchen.

3 Flußbarsche und Sonnenbarsche fressen die Leckerbissen aus der Hand des Tauchers.

GINNIE SPRINGS
Im Teufelsauge

SCHWIERIGKEITSGRAD	★ ★ ★
QUALITÄT DER TAUCHPLÄTZE	★ ★ ★
SONSTIGE SEHENSWÜRDIGKEITEN	★

Gefüllt mit Süßwasser von unglaublicher Klarheit, verlocken überflutete Höhlen den Taucher zu eindrucksvollen Ausflügen in den Bauch der Erde. Dieser Platz ist hervorragend geeignet für die Einführung in das Höhlentauchen. Ein Ort der Ruhe und der Naturverbundenheit – ideal, um sich zu entspannen!

Praktische Tips

Ginnie Springs ist ein privates Anwesen und liegt an den Ufern des Santa-Fe-Flusses nördlich von Tampa. Von Bradford aus folgt man dem Highway 27 östlich bis Fort White. Dort biegt man rechts auf den Highway 47 ab und erreicht Ginnie Springs nach 16 Kilometern. Dieses Freizeitzentrum ist zwar ganzjährig geöffnet, jedoch sollte man die Wintermonate meiden, da es dann kühl ist. Wählen Sie für den Besuch vorzugsweise das Frühjahr oder den Herbst – im Sommer ist es hier überlaufen. Das klarste Wasser trifft man im April und im Mai an. Die Eintrittsgebühren sind im Tauchzentrum zu bezahlen. Dort kann man auch die gesamte Tauchausrüstung ausleihen, sofern man ein anerkanntes und gültiges Ausbildungsbrevet vorlegt. Ginnie Springs eignet sich ideal für Camping, da das Gelände dicht mit Bäumen bestanden ist. Alles, was für die eigene Bequemlichkeit benötigt wird, findet man am Ort, einschließlich der Einkaufsmöglichkeiten.

2

Besonderheiten

Zwei sehr schöne Tauchplätze bietet Ginnie Springs: Jenny, die Hauptquelle, und Devil's Eye (»Teufelsauge«). Jenny ist ein großes, flaches Becken, nur etwa 1,30 bis 1,50 Meter tief, das in seiner Mitte plötzlich auf sechs Meter abfällt. Rundherum ist es mit langen Algen bestanden, die sich graziös in der Strömung wiegen. In dieser wunderschönen Umgebung machen die sich unablässig tummelnden Flußbarsche die Farbtupfer aus. Vergessen Sie nicht, einige Käsebröckchen für die Fische mitzunehmen – sie fressen sie Ihnen aus der Hand! Der Eingang zur Grotte liegt auf Höhe des Sandgrundes. Man taucht durch eine kleine Öffnung hinein. Unvermittelt befindet man sich dann in einer großen, etwa zehn Meter weiten Halle. Bei weiterem Vordringen in die Tiefe verliert man jedes Gefühl für Raum und Zeit. Der Weg ist sehr gut markiert, aber man bewegt sich im absoluten Dunkel. Wenn einen der Mut nicht verläßt, kann man bis zur zweiten Halle auf 20 Meter Tiefe tauchen. Die Gefahr, vom rechten Weg abzukommen, besteht nicht, da alle irreführenden Seitengänge mit schweren Gittern verriegelt sind. Trotzdem legt sich die absolute Dunkelheit belastend auf das Gemüt. Devil's Eye, das Teufelsauge, ist ein klaffender, sieben Meter tiefer Quelltopf. Er endet mit einer etwa einen Meter großen Öffnung, durch die man den »Teufelsturm« erreicht. Dies ist ein absolut dunkler, etwa zehn Meter langer Saal. Wer mag, kann durch einen engen Gang weiter vordringen und gelangt zu einem Ausgang in der Uferböschung des Santa-Fe-Flusses.

Unser Kommentar

Ginnie Springs ist eine andere Welt und bietet ganz andere Tauchplätze als gewohnt. Bei einer Reise durch Florida sollte man diese Erfahrung unbedingt mitnehmen. Ginnie Springs läßt sich gut mit einem Besuch der Manatees im Crystal River kombinieren. Das Tauchen in diesen Quelltöpfen geschieht völlig auf eigene Faust und ohne die sonst in der amerikanischen Taucherei üblichen Regularien. Gerade deshalb aber sollte man die Grenzen seiner Leistungsfähigkeit auf keinen Fall überschreiten. Das Tauchen in der Dunkelheit der Höhlen stellt weit höhere Anforderungen und belastet die Psyche mehr als die gewohnte, lichte Unterwasserwelt ...

1 Die Gorgonien und Venusfächer werden in den Riffen von Fort Lauderdale häufig größer als einen Meter.

2 Ein besonders hübsches Blumentier ist der Venusfächer *Gorgonia ventalina*.

3 Fort Lauderdale ist ein beliebter Treff der Wohlhabenden, was man an den luxuriösen Yachten unschwer erkennen kann.

4 Unbeirrt vom Gewimmel der Blaukopf-Lippfische wiegt der Venusfächer *Gorgonia flabellum* sich in der Dünung.

FORT LAUDERDALE
Fächer für die Sterne

SCHWIERIGKEITSGRAD	★
QUALITÄT DER TAUCHPLÄTZE	★★
SONSTIGE SEHENSWÜRDIGKEITEN	★★★

Als luxuriöse Sommerfrische, in der sich die größten Vermögen der Welt ein Stelldichein geben, ist Fort Lauderdale ganz auf das Wasser ausgerichtet. Abgeschieden von den mondänen Stränden und den verschwenderischen Anwesen träumen herrliche Korallenriffe vor sich hin, auf denen sich die Gorgonien graziös hin und her wiegen …

Praktische Tips

In Fort Lauderdale, praktisch einem nördlichen Vorort von Miami, drängen sich große Apartmenthäuser und private Anwesen dicht an dicht. Im Herzen eines Labyrinths von Kanälen, auf denen Traumyachten liegen, rivalisieren einige der teuersten Anwesen der Welt miteinander. Vor den langen Stränden von Fort Lauderdale, im klaren und warmen Wasser, liegen auf 9 bis 18 Meter Tiefe ausgedehnte Riffe.

Das am meisten betauchte ist das Barrakuda-Riff. Es liegt dicht an Port Everglades, von wo die beeindruckenden Kreuzfahrtschiffe ausfahren. Barracuda Reef ist das flachste, gleichzeitig aber am verschwenderischsten mit Korallen bestandene Riff. Man kann vom Strand aus hinausgelangen. Das Hammerhai-Riff (Hammerhead Reef) dagegen ist tiefer und kann nur per Boot erreicht werden. Strömungen kommen dort nicht vor, aber in bestimmten Bereichen des Riffs verspürt man die Wasserbewegungen, die durch die Dünung hervorgerufen werden. Dieser Wasseraustausch begünstigt die beeindruckende Entwicklung der Fächerkorallen aller Arten, die auf zahlreichen einzelnen Korallenstöcken angesiedelt sind. Mehrere professionell geführte Tauchbasen bieten die Möglichkeit, an den Riffen von Fort Lauderdale zu tauchen. Hier taucht man ganz auf amerikanische Art: »Two tanks dive« bedeutet, daß man kurz hintereinander zwei Tauchgänge unternimmt. Dies ist wegen der geringen Tauchtiefen möglich. Zu den bestbesuchten Tauchbasen gehören Adventure Divers, Divers Den und die Basis des Hotels Holiday Inn.

Besonderheiten

In diesen geringen Tauchtiefen kommen das Licht und die herrlichen Farben des Riffs noch zur vollen Entfaltung. Um größtmögliche Klarheit des Wassers zu haben, muß man in den sturmfreien Perioden tauchen. Von Oktober bis April sind die klimatischen Bedingungen am angenehmsten. Im Sommer ist Fort Lauderdale überlaufen und wird häufig von starken Gewitterstürmen heimgesucht. Auf den Riffen hier findet man die drei geläufigsten Gorgonien-Arten der Karibik: Der Venusfächer *(Gorgonia flabellum)* variiert in seiner Farbe zwischen gelb und einem manchmal sehr bleichen Grün. Er wächst nur etwa neunzig Zentimeter hoch. Auf den ersten Blick sehr ähnlich sieht die Art *Gorgonia ventalina* aus, allerdings sind bei ihr die Verzweigungen feiner. Diese Art ist blau bis malvenfarben und kann bis zu eineinhalb Meter Höhe erreichen. Die Rote Koralle *(Ilicigorgia schrammi)* trifft man nur in Tiefen ab 15 Meter an. Wie der Name es ausdrückt, ist sie rot bis bräunlich. Die Gorgonien gehören zu den Oktokorallen: Die Einzelpolypen haben acht Tentakel. Der Fächer, der aus einer hornigen Substanz aufgebaut ist, steht quer zur vorherrschenden Strömung, um jedem einzelnen Polypen optimale Fangmöglichkeiten zu verschaffen.

Unser Kommentar

Alle Riffe im Umfeld von Fort Lauderdale sind leicht zu erreichen und eignen sich auch für Anfänger. Fische gibt es nicht allzu viele, aber die Kleinfauna ist sehr reich. Aus diesem Grund können die Riffe ebenso für Nachttauchgänge empfohlen werden. Ähnliche Riffe wie hier – aber mit dem Vorteil, etwas weniger frequentiert zu sein – findet man auch etwas weiter nördlich in Richtung Pompano Beach.

2

3

4

1

1 Majestätisch und mit bewegender Geste segnet der Christus der Tiefen die Unterwasserwelt.

2 Die Statue ist drei Meter hoch und wiegt 180 Kilogramm.

KEY LARGO
Der Christus der Tiefen

SCHWIERIGKEITSGRAD	★
QUALITÄT DER TAUCHPLÄTZE	★★
SONSTIGE SEHENSWÜRDIGKEITEN	★★★

Im John-Pennekamp-Park empfängt eine wunderschöne Bronzefigur den Taucher. Diese Christus-Statue steht inmitten eines schönen Korallengrundes und ist auch für Anfänger erreichbar – ein Tauchgang mit feierlichen und magischen Aspekten abseits des Üblichen...

Praktische Tips

Zwischen Miami und Key West, dem südlichsten Punkt der USA, verläuft der Highway 1. Genau am Anfang von Key Largo, linker Hand, liegt das Atlantis Dive Center. Es gehört zu den renommiertesten Tauchcentern hier und wird von dem bekannten Captain Slate geleitet. Gerade auch Taucher aus Europa sind gern willkommen, sofern sie sich mit einem gültigen Brevet ausweisen können. Dabei ist unerheblich, von welchem Verband oder welcher Brevet-Organisation die Ausbildung abgenommen wurde.
Key Largo gehört zu den bei den Tauchern beliebtesten Plätzen Floridas. Man sollte unbedingt vermeiden, hier zur Weihnachtszeit oder in den beiden letzten Juliwochen Station zu machen. Dann wimmelt es nämlich von Urlaubern. Ende Juli findet das »Langustenfest« statt. Tausende von Booten aus ganz Florida und darüber hinaus liegen während dieser Zeit über den Riffen und plündern die Be-

 stände an Krustentieren. Drei Tage lang kann ohne jegliche Einschränkung gefischt und gesammelt werden.

Ideal für einen Aufenthalt sind die Monate von Oktober bis Februar. Dann ist das Wetter ruhig, man findet klares Wasser vor.

Besonderheiten

Jeden Montagmorgen und Mittwochnachmittag wird vom Atlantis Dive Center aus zu den Dry Rocks gefahren. Wie üblich bei der amerikanischen Art zu tauchen, macht man zwei Tauchgänge kurz hintereinander, was bei den geringen Tiefen der Tauchplätze möglich ist. Der Christus der Tiefen steht in 7,50 Meter Tiefe auf einem Betonsockel. Die Bronzestatue ist drei Meter hoch und wiegt 180 Kilogramm. Es ist die exakte Kopie einer Arbeit des Bildhauers Guido Galletti, die in der Nähe Genuas an der italienischen Küste postiert wurde. Die Firma Cressi stiftete diese Kopie 1961 der amerikanischen Unterwasser-Gesellschaft. Die Statue ist nicht der einzige Anziehungspunkt hier, verleiht dem Riff aber doch eine ganz besondere Atmosphäre. Das Riff selbst ist sehr reich an Korallen, interessant zu betauchen und überaus farbenfroh. Hier trifft man auf viele solitär schwimmende Barrakudas, und auffällig sind auch riesige Hirnkorallen. Die Fische sind es gewohnt, fotografiert zu werden, und stehen willig Modell. Diese Tauchplätze sind ausgezeichnet dazu geeignet, sich zu Beginn eines Florida-Urlaubs auf das Tauchen einzustimmen und die rechte Form zu finden.

Unser Kommentar

Unerläßlich für diese flachen Tauchgründe ist ein ruhiges Meer. Nur dann hat das Wasser die nötige Klarheit. Key Largo ist ein sehr gut ausgerüstetes Zentrum des Tauchens. Alles und jedes Material kann man sich hier ausleihen oder kaufen. In darauf spezialisierten Labors können die Fotografen ihre Filme binnen einer Stunde entwickeln lassen. Wer sich für Unterwasserfotografie interessiert, kann bei dem bekannten amerikanischen Fotografen Stephen Frink Anfänger- oder Fortgeschrittenenkurse absolvieren.

1 Die Aufbauten der »Duane« haben sich mit vielfarbigen Verkrustungen und Ansiedlungen geschmückt.

2 Ein wunderhübsches Wandbild heißt die Taucher am Ortseingang von Key Largo willkommen.

3 Der Hauptmast der »Duane« wird von mächtigen Barrakudas bewacht.

DIE »DUANE«
Das Wrack der Barrakudas

SCHWIERIGKEITSGRAD	★ ★ ★
QUALITÄT DER TAUCHPLÄTZE	★ ★ ★
SONSTIGE SEHENSWÜRDIGKEITEN	★ ★ ★

Nur einige Schwimmstöße vom berühmten Unterwasserpark John Pennekamp Coral Reef State Park entfernt liegt auf vierzig Meter tiefem Sandgrund das beeindruckende Wrack eines Küstenwachbootes. Dies ist eines der schönsten Wracks, die es in der Karibik zu bewundern gibt...

Praktische Tips

Key Largo ist der wichtigste Treffpunkt für die Taucher in ganz Florida. Überall am Highway 1 werben Dutzende von Tauchbasen, unübersehbar durch die großen Taucherfahnen in Rot mit einem weißen Balken darin, um die Kundschaft. Alle diese Zentren sind hervorragend geführt und verfügen über eine bemerkenswert gute Ausrüstung. Hier ist das »Tauchen als Geschäft« auf einen absoluten Höhepunkt gebracht. Im Gegenzug kann man aber mit einem Maximum an Sicherheit rechnen und genießt den bestmöglichen Komfort. Für unseren Besuch an der »Duane« haben wir die Tauchbasis Ocean Divers ausgesucht, eine der größten Tauchbasen der Gegend. Sie liegt hinter dem Hotel Holiday Inn an der Straße Caribbean Drive, nicht weit vom Wasser entfernt. Die Tauchbasen haben untereinander Absprachen getroffen, so daß jede einen bestimmten Tag für den Besuch des Wracks reserviert hält. Auf diese Weise wird vermieden, daß zu viele Taucher gleichzeitig an diesen Platz kommen. Es ist ratsam, vorher Erkundigungen einzuholen und sich anzumelden, denn die Zahl der verfügbaren Plätze ist beschränkt.

Besonderheiten

Das Küstenwachtboot »Duane«, das sich schon im Zweiten Weltkrieg ausgezeichnet hatte, wurde am 27. November 1987 südlich des Molasses-Riffs versenkt. Das 98 Meter lange Schiff ist bereits heute zu einem künstlichen Riff geworden, das zahlreiche Fische angezogen hat. Es steht aufrecht auf dem Grund und wird von eindrucksvollen Barrakudas bewacht. Die obersten Aufbauten erreicht man in einer Tiefe von 27 Meter. Die Ankerboje für die Tauchboote ist am Heck des Wracks befestigt. Man taucht am Seil entlang ab und folgt dann dem Schiffsverlauf bis zum Bug. Höhepunkt der Visite ist der große Beobachtungsturm. Er ist zum Lieblingsplatz der großen Barrakudas *(Sphyraena barracuda)* geworden, die kaum Scheu zeigen. Sie lassen den Taucher bis auf weniger als einen Meter an sich heran und schenken ihm ein säuerliches Lächeln, wobei sie ihre eindrucksvollen Zähne entblößen. Wenn man in das Innere des Wracks eindringt, schwimmt man zwischen Myriaden von Fischen, insbesondere von Weißen Grunzern *(Haemulon plumieri)*. Die äußerlich liegenden Metallteile sind schon sehr stark inkrustiert und leuchten im Schein der Lampe in allen Farbe auf. Nach amerikanischer Manier werden auf diesen Ausfahrten zwei Tauchgänge kurz hintereinander gemacht. Deshalb ist der Besuch der »Duane« auf etwa zwanzig Minuten limitiert, um Dekompressionszeiten gar nicht erst entstehen zu lassen.

Unser Kommentar

Ein Tauchgang an der »Duane« ist sehr beeindruckend, weil das Wrack so riesig ist. Verstärkt wird dieses Gefühl durch die immer etwas bedrohlich wirkenden Barrakudas, die diesen Platz hüten. Will man alle Einzelheiten des Wracks erkunden, muß man es mehrfach betauchen. Es gibt übrigens auch zwei Ankerbojen, die im Bugbereich befestigt sind. Wenn man den Tauchgang von dort aus beginnt, gewinnt man einen ganz anderen Eindruck vom Wrack. Damit man wirklich den vollen Eindruck von diesem riesigen Wrack erhält, sollte vorzugsweise morgens und bei sehr klarem Wasser getaucht werden.

2

3

1 Hinter einem großen Becherschwamm der Art *Xestospongia muta* posiert ein Großflossen-Kaiserfisch *(Pomacanthus arcuatus)*.

2 Die Riffe von Islamorada zeichnen sich durch die Überfülle der Schwämme aus, die beinahe ebenso groß werden können wie ein Taucher.

3 Auf Islamorada sollte man einen Besuch des »Theater of the Sea« nicht versäumen, das ganz anders ist als die üblichen Delphinarien.

ISLAMORADA
Das Riff der Riesenschwämme

SCHWIERIGKEITSGRAD	★★
QUALITÄT DER TAUCHPLÄTZE	★★
SONSTIGE SEHENSWÜRDIGKEITEN	★★

Islamorada, im Herzen der Inselkette der Keys gelegen, ist einer der Hauptpunkte für das Tauchen in Florida. Entlang der ganzen Atlantikküste erstrecken sich Korallenriffe. In diesen Gewässern mit ihrem Reichtum an farbenprächtiger Fauna errreichen die Schwämme nicht selten einen Riesenwuchs ...

Praktische Tips

Islamorada gehört zu den Middle Keys, den mittleren Inseln zwischen Key Largo und Marathon, und wird vom Highway 1 durchquert. Der Ort selbst hat nichts Besonderes vorzuweisen. Bemerkenswert sind lediglich die zahlreichen Marinas sowie die Boote zum Hochseeangeln und die Tauchbasen. Wir haben uns für die Basis Lady Cyana Divers entschieden, um die Riffe der Gegend zu erkunden. Diese Basis ist eine PADI Five Stars Facility.
Nirgends auf den Keys hat man Schwierigkeiten, eine Unterkunft zu finden. Allerdings gilt es zu beachten, daß zu Weihnachten sowie im Sommer Höchstbetrieb herrscht. Zu diesen Zeiten muß man unbedingt im voraus reservieren.
Tauchausfahrten zu den Riffen, die sich an der Insel Islamorada entlangziehen, werden täglich um 9 und um 13 Uhr angeboten. Da die Tauchgründe maximal 15 bis 16 Meter tief sind, werden dabei jeweils zwei Tauchgänge kurz hintereinander durchgeführt.

Besonderheiten

Alligator Reef, Crocker Reef, Davis Reef und Conch Reef heißen die Korallenriffe, die ineinander übergehen und eine Barriere zum offenen Meer hin bilden. Sie sind sehr reich an verschiedenen Korallenarten. Mit den schnellen Tauchbooten lassen sich die Tauchplätze in weniger als einer halben Stunde erreichen. Wegen der geringen Wassertiefe sollte man nicht tauchen, wenn das Meer sehr bewegt ist: Das Wasser ist dann eingetrübt. Die Tauchboote nehmen bis zu dreißig Taucher auf. Die Riffe vor Islamorada sind typisch für die Karibik. Die Korallenwelt wird beherrscht von den Gorgonienfächern sowie vor allem von den großen Schwämmen mit ihren Trichter- und Hornformen. Die hornförmigen sind bräunlich und haben eine rauhe Oberfläche, sie wirken wie aus Steinwolle gewoben. Auch wenn sie zu keiner Bewegung fähig sind, handelt es sich bei ihnen um tierische Wesen. Die Welt der Schwämme ist von beeindruckender Komplexität. Die Riesenformen, die man hier häufig antrifft, können bis zu zwei Meter Höhe erreichen, und der Trichter ist so groß, daß der Taucher sich hineinsetzen könnte. Dies sollte man jedoch nicht versuchen, denn sowohl die Ränder als auch der ganze Stock sind leicht zerbrechlich.

Wenn man sich vor Augen hält, daß der Riesenschwamm *(Xestospongia muta)* jährlich nur um weniger als zwei Zentimeter wächst, ist es eine betrübliche Vorstellung, daß ein Taucher aus reinem Übermut in wenigen Sekunden etwas zerstören könnte, was die Natur über lange Zeiträume hinweg aufgebaut hat.

3

Unser Kommentar

Neben den Korallenriffen sollte man sich beim Tauchen vor Islamorada auch das Wrack der »Eagle« nicht entgehen lassen. Es handelt sich um ein großes Boot, das auf 40 Meter Tiefe auf der Seite liegt. Es wird von zahlreichen Fischen bewohnt und umschwärmt. Die Tauchbasis Lady Cyana Divers bietet auf ihren Ausfahrten nicht weniger als zwölf verschiedene Tauchplätze an. Zu ihnen gehören beispielsweise das sogenannte Aquarium oder der Canyon – Tauchplätze, deren Besuch man auf keinen Fall versäumen sollte.

1

1 Marathon liegt im
Herzen der Keys und
ist ein stilles kleines
Städtchen, wo man
ideal seine Ferien ver-
bringen kann.

2 Der Schweinsgrunzer
*(Anisotremus virgini-
cus).*

3 Der Gelbschwänzige
Schnapper *(Ocyurus
chrysurus)* begleitet
mit Vorliebe die
Taucher.

4 Eine typische Riff-
stimmung aus der Kari-
bik, belebt von einem
sich entfernenden
Blauen Doktorfisch
*(Acanthurus
coeruleus).*

MARATHON
Zauberreich der Farben

SCHWIERIGKEITSGRAD	★
QUALITÄT DER TAUCHPLÄTZE	★ ★
SONSTIGE SEHENSWÜRDIGKEITEN	★

*Marathon, im Zentrum der Florida
Keys gelegen, kann sich rühmen,
zwei der schönsten Korallenriffe
des Atlantiks zu besitzen. Dieses
riesige Naturbauwerk in Form einer
Barriere ist belebt von einer großen
Zahl durcheinanderwirbelnder,
buntscheckiger Fische. Ein Tauchplatz, wo man abschalten kann, sich
wohl fühlt, wo man genießt…*

Praktische Tips

Auf halbem Weg zwischen Key Largo und Key West,
in der Gruppe der sogenannten Middle Keys, liegt
dieses kleine Fischer- und Urlaubsstädtchen.
Nichts würde einen veranlassen, hier haltzuma-
chen, wären da nicht die riesigen Fahnen mit dem
internationalen Taucherzeichen in Rot und Weiß.
Sie hängen in Hülle und Fülle an den Wänden der
Tauchläden wie auch in den Vorgärten der beschei-
denen, aber sympathischen Familienpensionen.
Marathon ist außerdem ein wichtiger Ort zum Einkaufen, wenn man auf dem Weg zu den südlichen
Keys ist. Ocean Divers und The Diving Site gehören
zu den bestausgestatteten Basen. Wie auf zahlreichen amerikanischen Tauchbasen, wird man hier
»à la carte« bedient: Die Preise richten sich nach
den erbrachten Leistungen und der erforderlichen
Ausrüstung. Man sollte aber unbedingt ein »dive
package« (Tauchpaket) verlangen. Wenn man
mehrere Tage im selben Hotel bleibt, werden die

2

Preise bedeutend günstiger. Das Sombrero-Riff liegt etwa vier Kilometer vor Marathon. Es ist durch ein großes Leuchtfeuer gekennzeichnet. Die Tauchplätze dort sind nicht tief, werden aber als die besten dieser Gegend betrachtet. Das Wasser ist sehr klar, vor allem in den Wintermonaten.

Besonderheiten

Ideal ist es, direkt zu Füßen des Leuchtfeuers abzutauchen und sich zwischen die Korallenstöcke gleiten zu lassen, von denen der eine reicher bewachsen ist als der andere. Im Überfluß gibt es in diesem Bereich des Riffs die tischartigen Stöcke der Geweihkorallen. Sie bieten Myriaden kleiner Fische Zuflucht und Nahrung. Zu den vertrautesten gehören die Gelbschwänzigen Schnapper *(Ocyurus chrysurus),* deren Name ihr unverkennbares Merkmal treffend charakterisiert. Sie sind neugierig und begleiten den Taucher häufig während des gesamten Tauchgangs. Durch Hin- und Herschwimmen vor der Maske wollen sie sicherstellen, daß man auf sie aufmerksam wird. Diese Art von Schnappern kann bis zu 60 Zentimeter lang werden. Sie werden auch häufig gefangen und schmecken gegrillt delikat. Immer in Gruppen von zehn bis zwanzig Exemplaren schwirren die Blaukopf-Lippfische *(Thalassoma bifasciatum)* mit ihrer wunderschönen, goldgelben Rückenfärbung umher. Man muß sich ihnen sehr vorsichtig nähern und den Atem anhalten, denn das Geräusch der Ausatemblasen läßt sie auseinanderstieben. Auch eine reiche Auswahl von Hirnkorallen (Gattungen *Diploria, Colpophyllia, Meandrina* und so weiter) findet man in diesem Riff, ebenso zahlreiche Gorgonien und kleine Schwämme. Nehmen Sie sich auch die Zeit, unter die Überhänge und in die Spalten zu spähen: Dort verstecken sich häufig wunderschöne Wirbellose. Auf diese Weise werden Sie die üblichen zwei Flaschen an diesem einen Tauchplatz leeratmen, ohne sich im geringsten zu langweilen.

Unser Kommentar

Verschwenden Sie keinen Gedanken daran, hier in der Zeit zwischen Weihnachten und Neujahr zu tauchen! Für diese Woche ist man schon Monate im voraus absolut ausgebucht, und an jedem Tauchplatz plätschern Sie mit mindestens 40 anderen Tauchern herum! Auch Ende Juli ist das Gedrängel groß. Falls die Möglichkeit besteht, sollten Sie einen Rundflug über Marathon im Hubschrauber unternehmen. Aus der Luftperspektive bietet sich einem der beste Eindruck von der elf Kilometer langen Brücke mit einem einzigen Träger, die die Keys miteinander verbindet.

1 Eine Taucherin bewundert den leuchtend gelben Federstern *Davidaster rubiginosa.*

2 Die hochgereckten Arme des Federsterns sind beständig damit beschäftigt, die winzige Nahrungsbeute aus dem Wasser zu filtern.

3 Mit schlangenartigen Windungen hat sich der Schlangenstern *Ophiothrix suensonii* um einen Schwamm gewunden.

KEY WEST
Die Haare der Hexen

SCHWIERIGKEITSGRAD	★★
QUALITÄT DER TAUCHPLÄTZE	★★
SONSTIGE SEHENSWÜRDIGKEITEN	★★★

Key West liegt im äußersten Süden der Vereinigten Staaten. Diese Stadt mit ihrer tropischen Kolonialatmosphäre gehört zu den am meisten von Touristen aufgesuchten Orten in Florida. Hier zu tauchen ist leicht und angenehm. Tief muß man dabei nicht gehen, um die mit fremdartigen Wesen bewachsenen Gründe zu sehen ...

Praktische Tips

Key West, 160 Kilometer von Key Largo entfernt, ist ein kleines tropisches Paradies mit seinen Holzhäusern aus dem 19. Jahrhundert, die teilweise unter der üppig wuchernden Vegetation verschwinden. Dieser südlichste Punkt der Vereinigten Staaten ist nur 150 Kilometer von der Insel Kuba entfernt. Hier endet auch der Highway 1, der die Kette der Keys über riesige Brücken, Bauwerke von einer seltenen Eleganz, miteinander verbindet.

Key West ist vor allem berühmt für seine leichte Lebensart, für die vielen Modeboutiquen, seine Strände und seine schönen Anwesen. Aber auch die Taucher können hier ihre Erfahrungen bereichern. Getaucht wird ganz auf amerikanische Art unter dem Banner von PADI. Bei jeder Ausfahrt nimmt der Taucher zwei Preßluftflaschen mit. Wegen der geringen Tauchtiefen kann man lange unter Wasser bleiben, was vor allem für die Fotografen angenehm ist. Mehrere Tauchbasen, darunter Seasport Diving

Center, Looe Key Dive Center, Pro Dive Shop und Key West Looker Diving, führen jeden Tag Ausfahrten zu den Riffen hinaus durch.

Besonderheiten

Getaucht wird nicht direkt um Key West herum, sondern auf etwas weiter vorgelagerten Riffen, den Outside Reefs, den Western Dry Rocks oder im Westen auf den Riffen, die man The Lakes nennt. Das nächstgelegene Riff heißt South Beach Patch. Es ist besonders wegen seiner Stachelhäuter berühmt. Federsterne, Schlangensterne und Medusenhäupter entfalten hier ihre Arme, struppig und weich zugleich wie Hexenhaare. Die Federsterne sind die ältesten Vertreter der Familie. Es gab sie schon in Urzeiten vor 350 Millionen Jahren, und sie haben sich seither kaum weiterentwickelt. Ihre Arme, zierlich wie Vogelfedern, dienen dazu, mittels der feinen Seitenblätter das Meerwasser durchzufiltern. Die winzige Beute, planktonisches Geschwebe, wird der in der Mitte des buschartigen Armgewirrs gelegenen Mundöffnung zugeführt. Vor Key West kommen vor allem die Federsterne mit oranger oder goldgelber Färbung vor. Sie gehören der Art *Davidaster rubiginosa* an, von der es auch eine schwarzgefärbte Variante gibt.

Der Schlangenstern, der auf den ersten Blick den Seesternen ähnelt, hat sehr feine, beinahe haarähnliche Arme. Die Bewegungen dieser Arme sind schlangenähnlich, und so erklärt sich auch sein Name: *Ophiurus* ist aus dem Griechischen abgeleitet und bedeutet »Schlangenschwanz«. Diese Tiere sind in allen Meeren verbreitet. Man findet sie häufig in der Nähe von Schwämmen oder Korallen, die sie abweiden, um ihre Nahrung, mikroskopisch kleine Lebewesen oder organische Reste, zu erwerben. In der Karibik kommt am häufigsten die Art *Ophiothrix suensonii* vor.

Noch verwunderlicher als die Schlangensterne sind die Medusenhäupter wegen ihrer Eigenschaft, sich bei Licht zu einem handlichen Ball zusammenzurollen. Nachts entfalten sie ihre zahlreichen Arme weit, sehen dann aus wie Sträucher, klettern auf Vorsprünge und filtern von dort das Wasser durch. Man kann sie im Ruhezustand tagsüber in den Becherschwämmen oder im Schatten unter den Zweigen der Korallen entdecken.

Unser Kommentar

Man wird hier beim Tauchen keine großartigen Abenteuer erleben. Aber das Tauchen in dem warmen Wasser mit seiner guten Sicht und das im allgemeinen gute Wetter machen Vergnügen. Hier kann man sich gut mit der Welt der Wirbellosen vertraut machen und eintauchen in das fabelhafte Universum der farbigen Kleinlebewesen des Meeres.

3

BAHAMA-INSELN

BAHAMA-INSELN

Östlich der Halbinsel Florida, mitten im Atlantischen Ozean, liegen die Bahamas sowie die Inselgruppe der Turks und Caicos. Dieses Gewirr von Korallenriffen und – häufig unbewohnten – Inseln stellt ein Traumrevier für Taucher dar.

Klimatisch ist diese Region außerordentlich privilegiert: Das ganze Jahr über ist das Wetter schön, und von gewissen Perioden im Winter abgesehen, gestatten stets milde Winde ein Tauchen in klarem und ruhigem Wasser. Ihrem Ruf als Trauminseln werden sie auch mit ihren Tauchgründen gerecht.

Selbst wenn man zehnmal für jeweils vier Wochen hier zu Gast ist, reicht die Zeit nicht aus, um die Vielseitigkeit der Tauchplätze auf den Bahama-Inseln auszuschöpfen.

Im Hinblick auf die Qualität der Ausrüstung, die leichte Erreichbarkeit der Tauchplätze und die günstigen Wasserbedingungen sind die Bahamas ein idealer Platz, um zum ersten Mal die Unterwasserwelt zu entdecken. Die Tauchbasen werden nach amerikanischer Art geführt, was bedeutet, daß nichts dem Zufall oder dem Risiko überlassen wird. Dennoch wird man hier, wohl durch das tropische Klima unterstützt, etwas weniger Anspannung und Geschäftstüchtigkeit als in den Vereinigten Staaten vorfinden. Auf den Bahamas haben wir die spektakulärsten Haifütterungen miterlebt, die heute wohl denkbar sind.

In Europa ist die Inselgruppe der Turks und Caicos praktisch noch unbekannt. Diese Inseln verdienen jedoch mit ihren reinen Sandstränden, dem sonnigen Klima und den sehr reichen Tauchgründen unbedingt einen Besuch. Aufgrund ihrer Vielzahl und ihrer weiten Ausdehnung sind die meisten Riffe bis heute noch nicht erforscht. Die Turks und Caicos sind der ideale Platz zur Erkundung auf mehrtägigen Bootstörns.

Vorhergehende Seite:
Der Königin-Engelsfisch *(Holacanthus ciliaris)* ist einer der schönsten Fische in karibischen Gewässern. Er tummelt sich auf einem Riff, das mit leuchtend bunten Schwämmen bestanden ist.

Rechte Seite:
Im Norden der Bahamas hatten wir mitten auf dem offenen Meer die atemberaubende Begegnung mit einer Gruppe von Zügeldelphinen *(Stenella frontalis)*.

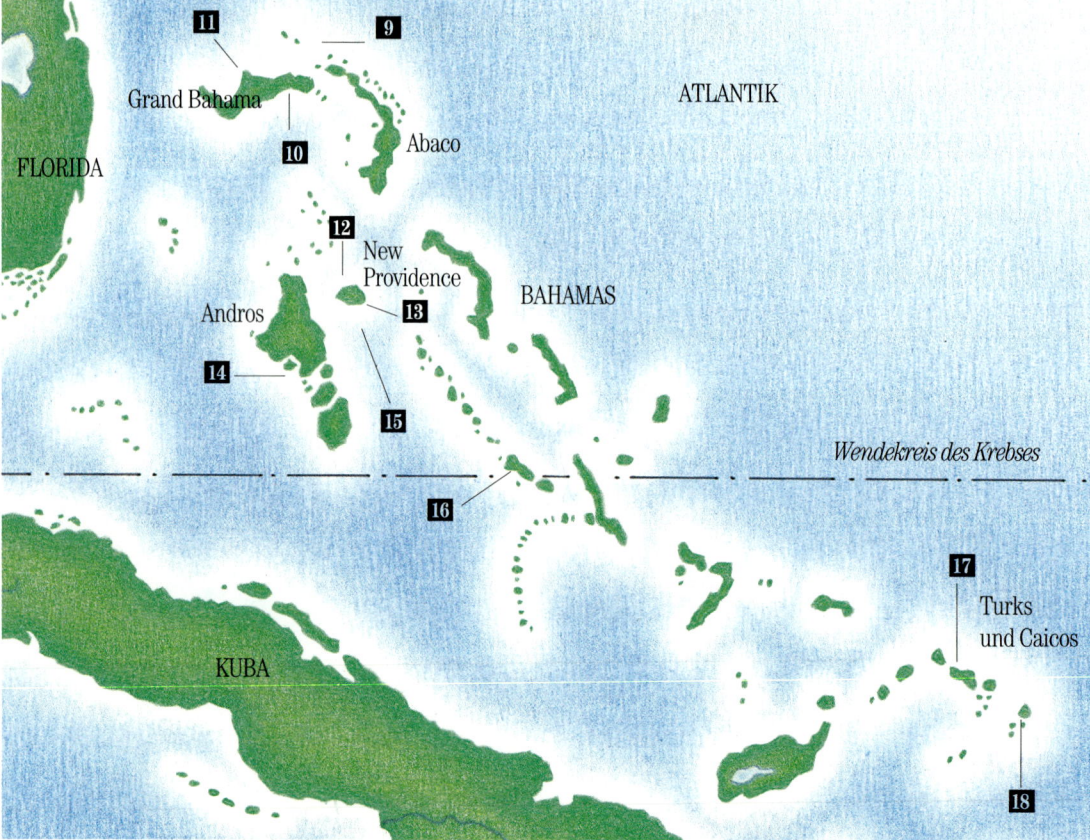

9 Walker's Cay
10 Theo's Wreck
11 Coral Star
12 Coral Harbor
13 South West Reef
14 Andros
15 Crown Islander
16 Comberbach
17 Provo
18 Grand Turk

1 Im Blitzlicht leuchten die Farben des für die Karibik typischen Trompetenfisches *Aulostomus maculatus* hell auf.

2 Luftansicht von Walker's Cay.

3 Die Trompetenfische verstecken sich gern unter Gorgonien oder hinter anderen Fischen.

4 Dem Taucher gegenüber sind die Trompetenfische nicht scheu.

5 In der Marina von Walker's Cay geben sich luxuriöse Hochsee-Angelboote ein Stelldichein.

WALKER'S CAY
Eine kleine Trompetenmelodie

SCHWIERIGKEITSGRAD	★
QUALITÄT DER TAUCHPLÄTZE	★ ★
SONSTIGE SEHENSWÜRDIGKEITEN	★ ★ ★

Im äußersten Norden der 700 Inseln des Bahama-Archipels liegt Walker's Cay, ein wahres Paradies für alle Liebhaber des Meeres. Die Insel ist von einem großzügigen Riff umgeben. Dieses kleine Stück Natur hat uns besonders durch seine unzähligen Trompetenfische verführt ...

Praktische Tips

Dieses winzige Inselchen in Privatbesitz, im äußersten Norden des Abaco-Atolls gelegen, ist eine Hochburg des Tauchens sowie des Großfischfangs. Zweimal täglich verbindet die zum Hotelkomplex gehörige »Twin Otter« in vierzigminütigem Flug Fort Lauderdale/Florida mit Walker's Cay. Obwohl die Insel nur drei Kilometer lang ist, hat sie ihre eigene Landepiste. Wenn man aus dem Flugzeug steigt, befindet man sich sozusagen mit den Füßen im Wasser. Eine winzige Strohhütte dient als Sonnenschutz bei der Abwicklung der Einreise- und Zollformalitäten. Dann taucht man unmittelbar in den Tropentraum ein, in ein Meer von unterschiedlichsten Farben und Formen...
Die beste Zeit für das Tauchen liegt zwischen April und Oktober. Zwar ist das Wetter auch von November bis März schön, aber der Wind bläst gelegentlich sehr stark. Da die Bahamas vom Golfstrom umspült werden, kommen sie nahezu das gesamte Jahr über

in den Genuß des warmen und klaren Wassers. Das Klima ist hier etwas frischer als auf den weiter südlich gelegenen Karibik-Inseln. Die Tauchbasis, Walker's Cay Dive Shop, ist in die Hotelanlage integriert. Zwei Tauchboote und einhundertzwanzig Flaschen erwarten die Taucher.

Besonderheiten

Die Mehrzahl der zwanzig am meisten frequentierten Tauchplätze liegt in weniger als 10 Meter tiefem Wasser. Das Riff ist eines der vielfältigsten der ganzen Karibik. Besonders am Queen's Reef trifft man auf viele Trompetenfische *(Aulostomus maculatus)*. Diese sechzig bis achtzig Zentimeter langen Fische, die gelb, braun oder rot gefärbt sein können, begleiten den Taucher und zeigen sich stets neugierig. Neben ihrer langgezogenen Form sind besonders charakteristisch die Schnauzenform und ihre langsame Schwimmweise. Ihren Namen verdanken die Trompetenfische dem merkwürdigen Ton, den sie ausstoßen, wenn man sie anstößt. Diese Laute kann man vorzugsweise bei Nacht erleben, wenn der schlafende Fisch nicht die geringste Ausweichbewegung macht. Das Nachttauchen ist insbesondere hier zu empfehlen, denn die Riffe sind leicht zugänglich, und es gibt keine Strömungen.

Generell weist dieses Riff nicht die geringste Gefahr auf. Ganz anders allerdings auf der Außenseite des Atolls Richtung Norden, wo große Steilabfälle vorkommen und die Hammerhaie ihre bevorzugten Plätze haben.

In früheren Zeiten war Walker's Cay ein Piratenschlupfwinkel. Die Insel ist nach Captain Walker be-

nannt, dem Kommandanten der berüchtigten »Blackbeard« und einem der schrecklichsten Freibeuter der Karibik. Auch heute noch zirkulieren Gerüchte über auf der Insel vergrabene Schätze – ein beliebter Stoff für Spekulanten und die Freunde abenteuerlicher Geschichten. Möglich ist jedenfalls alles, wie 1987 der Fund der Überreste einer spanischen Galeone, der »San Juan Evangelista«, zeigte.

Unser Kommentar

Wer die unverfälschte Natur liebt, wird sich auf dieser kleinen Insel sehr wohl fühlen. Zahlreiche Vogelarten nisten inmitten des tropisch wuchernden Grüns. Dies ist ein Ort der Ruhe, ideal für sportlich verbrachte Ferien. Versäumen Sie auch nicht, einmal einen Tag zur Pirsch auf Großfische mit hinauszufahren.

1 Das Wrack »Theo«
ist besonders beein-
druckend – sowohl
durch seine Größe als
auch, weil es wie schla-
fend auf der Seite liegt.

2 Grand Bahama ist
reich an schöner, tropi-
scher Vegetation.

3 In 30 Meter Tiefe
stößt man auf die
Schraube des Wracks.

4 Aufgrund des klaren
Wassers läßt sich das
Wrack in ganzer Länge
überblicken.

DAS WRACK »THEO«
Ein Gigant schläft

SCHWIERIGKEITSGRAD	★ ★ ★
QUALITÄT DER TAUCHPLÄTZE	★ ★ ★
SONSTIGE SEHENSWÜRDIGKEITEN	★ ★ ★

**Viel besucht wird das Frachtschiff
»Theo«, das 1982 für die Taucher versenkt wurde. Der Gigant ruht auf
flachem Sandgrund. Der ungeheure
Rumpf beeindruckt den Besucher
durch seine Masse und die offensicht-
liche Unversehrtheit. Man hat beinahe
den Eindruck, einem lebendigen
Wesen gegenüberzustehen, das sich
jederzeit regen könnte ...**

Praktische Tips

Wenn man auf Grand Bahama in unmittelbarer
Nähe der besten Tauchplätze wohnen will, sollte
man sich in Lucayan Beach in der Nähe von Freeport niederlassen. Ohne Zweifel ist Unexso das pro-
fessionellste Tauchzentrum am Platz. Zwei Ausfahrten wöchentlich zum Wrack »Theo« werden
angeboten. Diese Tauchausfahrten sind sehr beliebt – vielleicht, weil das amerikanische *Skin
Diver Magazine* vom »Superwrack von Freeport«
geschrieben hat?
Man hat den Frachter »Theo« etwa zwanzig Minuten vom Hafen Freeport entfernt in über 30 Meter
Tiefe auf Sandgrund versenkt, weil dort das Wasser nahezu das ganze Jahr über sehr klar ist. Davon
abgesehen liegt die beste Zeit zum Tauchen in den
Monaten von Mai bis September. In dieser Sommerperiode hat das Wasser garantiert 25 bis 26°C.
Das Tauchzentrum Unexso ist jedoch ganzjährig
geöffnet.

2 Um das Wrack herum patrouillieren zahlreiche, vor allem junge Makrelen. Am Grund trifft man auf hübsche, orangefarbene Schwämme, Krabben und viele Seegurken. Die schönsten Ansiedlungen sind auf der Ankerkette zu finden. Der Bug ist deshalb auch der von den Tauchern bevorzugte Platz.

Taucht man nachts, kommen beachtliche Mengen von Einsiedlerkrebsen aus den Schwämmen heraus, in denen sie sich tagsüber verbergen, und stellen sich dem Blitzlicht des Fotografen – ganz so, als stünden sie Modell.

3

4

Um nach Grand Bahama zu gelangen, muß man über Miami anreisen. Von dort aus gibt es mehrere Flüge täglich mit Air Bahama oder mit amerikanischen Fluggesellschaften.

Besonderheiten

Das Wrack »Theo« ist nahezu achtzig Meter lang. Das Schiff liegt auf der Backbordseite und scheint praktisch unversehrt zu sein. Obwohl es nun schon zehn Jahre im Wasser liegt, sind noch wenige Inkrustationen auf ihm festzustellen. Das ist auf die sehr geringe Strömung an diesem Ort zurückzuführen. Fische dagegen hat das Wrack zuhauf angezogen: Man hat mehrere Dutzend verschiedene Arten am und um das Wrack herum aufgelistet, und auch zahllose Wirbellose konnten beobachtet werden. Im Inneren des Schiffs leben auch Muränen – sie haben sich ihre Schlupfwinkel in dem komplexen Bauwerk gesucht.

Unser Kommentar

Dieses Wrack hat uns sehr beeindruckt, weil es so perfekt erhalten ist, und wegen seiner Monumentalität. Wenn das Wasser leicht trüb ist, löst es sich beim Abtauchen wie ein Phantom aus dem Nichts und läßt diesen etwas tieferen Tauchgang noch dramatischer erscheinen. Für die amerikanischen Tauchguides, die auch in den Tauchbasen auf den Bahamas das Sagen haben, sind 30 Meter Tiefe nur dem sehr guten und erfahrenen Taucher vorbehalten. Da grundsätzlich in der Nullzeit und ohne Auftauchstufen getaucht wird, ist die Aufenthaltsdauer am Wrack sehr kurz.

Wenn Sie das Pech haben, schlechtes Wetter zu erwischen, werden Sie sich auf Grand Bahama wohl dennoch kaum langweilen: Es wimmelt hier buchstäblich von Spielcasinos, denn das Glücksspiel gehört zu den Leidenschaften recht vieler Amerikaner.

1 Die Begegnung mit den Delphinen verführt zu den verrücktesten Kapriolen. Diese verspielten Tiere lassen sich sogar berühren.

2 Die in Dänemark gebaute »Coral Star« hat eine sehr stabile Lage und kann auch unruhige See abwettern.

3 Eine Woche mußten wir uns gedulden, bis uns auch eine Gruppe von Zügeldelphinen (*Stanella frontalis*) Gelegenheit gab, mit ihnen zu schwimmen.

4 Am ehesten kommt man schnorchelnd mit den Delphinen zusammen.

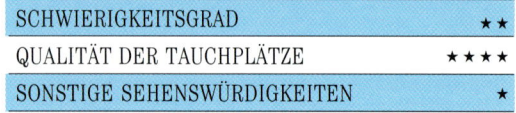

CORAL STAR
Die schönste aller Begegnungen

SCHWIERIGKEITSGRAD	★★
QUALITÄT DER TAUCHPLÄTZE	★★★★
SONSTIGE SEHENSWÜRDIGKEITEN	★

Mit einem wildlebenden Delphin hautnah unter Wasser zusammenzutreffen, ist unter normalen Umständen sehr unwahrscheinlich. Wir laden Sie ein, diese seltene und einmalige Erfahrung nachzuerleben, die wir auf einer spannenden und erlebnisreichen Expedition machen konnten . . .

Praktische Tips

Im Mai und Juni fahren von Freeport auf Grand Bahama beziehungsweise von Fort Lauderdale in Florida einige Tauchboote zur Little Bahama Bank aus. Dies ist eine sich über mehrere Meilen im Durchmesser erstreckende Sandbank, die vollkommen isoliert mitten im Meer nördlich der Insel Grand Bahama liegt. Wir haben als Boot die »Coral Star« ausgewählt. Dieses solide, dreißig Meter lange Schiff ist das einzige, das für mehrere Tage draußen an der Sandbank verweilt. Es gehört der Gesellschaft Coral Bay Cruise, ist sehr komfortabel und kann etwa fünfzehn Taucher aufnehmen. Die »Coral Star« ist für den Tauchbetrieb mit Kompressoren, Flaschen und so weiter komplett ausgerüstet. Die Kreuzfahrten dauern jeweils sieben Tage, wobei kein Land betreten wird. Man muß also mit dem Leben auf dem Wasser vertraut sein, wenn man den vollen Genuß dieses außergewöhnlichen, manchmal aber auch etwas anstrengenden Abenteuers haben will.

3

Besonderheiten

In den Monaten Mai und Juni, in denen diese Kreuzfahrten durchgeführt werden, versammeln sich zahlreiche Delphine in den flachen Gewässern der Little Bahama Bank. Sie durchwühlen die Sandgründe mit ihrem Schnabel, um Muscheln und kleine Fische aufzuspüren, von denen sie sich ernähren. Bei dieser Gelegenheit kann man die Begegnung mit ihnen suchen. In Tiefen von 6 bis 12 Meter, in dem 27°C warmen Wasser von außerordentlicher Klarheit, geben sich Familien von drei bis zehn – und manchmal sogar mehr – Delphinen in aller Ruhe der Beschäftigung hin, ihre Lieblingsbeute zu jagen.

Von einem richtigen Tauchbetrieb ist hier eigentlich nicht zu sprechen, denn die Preßluftgeräte werden sehr selten verwendet. Alle Meeressäugetiere verabscheuen die Geräusche, die die Blasen beim Ausatmen verursachen. Deshalb kann man schnorchelnd bei glücklichen Begegnungen einmal einen Delphin sogar berühren, niemals aber, wenn man mit Tauchgerät taucht. Dann halten die Tiere einen Abstand von mindestens fünf Meter ein.

Zwei Arten sind es hauptsächlich, denen man in den Gewässern der Bahamas häufig begegnet. Der Große Tümmler *(Tursiops truncatus)* ist am häufigsten, aber dieser Delphin ist recht wenig menschenfreundlich. Er reitet zwar gern auf der Bugwelle des Bootes, entfernt sich aber häufig sofort, sobald das Schiff anhält. Die hautnahesten Begegnungen kann man mit dem Zügeldelphin *(Stenella frontalis)* haben. Er ist kleiner als der Große Tümmler und wird nicht größer als 2,40 Meter. Bei den meisten erwachsenen Tieren ist der Körper übersät mit dunklen Flecken, woraus sich die englische Bezeichnung »Atlantic spotted (gefleckter) dolphin« herleitet. Es gibt allerdings auch Exemplare des Zügeldelphins, die nicht gefleckt, sondern durchgehend hellgrau gefärbt sind.

4

Unser Kommentar

Wenn Sie diese Expedition mitmachen, müssen Sie sich mit viel Geduld wappnen. Die Delphine alleine entscheiden, wo und wann sie die Anwesenheit des Menschen erdulden wollen. Es können Tage vergehen, ohne daß es zu befriedigenden Begegnungen kommt. Und urplötzlich ereignet sich dann das Wunder: Ohne erkennbaren Grund stürzen sich die Delphine in einen verrückten Rundtanz um die Menschen und machen sich einen Spaß daraus, mit ihnen zu spielen.

1 Gut geschützt hinter den Korallen beobachten die Taucher, wie der Hai seine Runden zieht.

2 Der Karibische Riffhai *(Charcharhinus perezi)*, der hier in bahamesischen Gewässern sehr häufig ist, wirkt aggressiv.

CORAL HARBOR
Eine Runde mit den Haien

SCHWIERIGKEITSGRAD	★★
QUALITÄT DER TAUCHPLÄTZE	★★★★
SONSTIGE SEHENSWÜRDIGKEITEN	★★★

Südwestlich der Insel New Providence, auf 15 Meter tiefem Sandgrund, führt ein Dutzend Haie einen teuflischen Tanz um die Taucher herum auf. In Erregung gebracht durch das angebotene Futter, geraten sie beinahe außer Kontrolle. Schließlich hat man die Könige des Meeres auf weniger als einen Meter Distanz vor seiner Maske...

Praktische Tips

New Providence ist die Hauptinsel der Bahamas und beherbergt deren Hauptstadt, Nassau. Hier trifft man auf die phantastischsten Boote überhaupt, die in der Karibik unterwegs sind. Die Insel genießt ein subtropisches Klima, das es erlaubt, das ganze Jahr über zu tauchen. Die betauchbaren Riffe sind sehr ausgedehnt, und das Wasser ist immer klar. Den größten Teil des Jahres über kann man ohne Tauchanzug, lediglich mit Badehose bekleidet, tauchen, da die Wassertemperatur um 28 bis 29 °C beträgt.

Seit fünf Jahren wird eine Schule standorttreuer Haie vom Nassau Scuba Center regelmäßig gefüttert. Zwei Boote, die jeweils zehn bis zwanzig Taucher aufnehmen können, fahren mehrmals wöchentlich an diesen Platz. Wie überall, wo nach den Regeln von PADI getaucht wird, unternimmt man bei jeder Ausfahrt zwei Tauchgänge kurz hintereinander.

Besonderheiten

Nach einer Anfahrt von fünfzig Minuten erreicht man das Saumriff, das direkt am Abfall in die Tiefsee liegt. Bis sich die Taucher zurechtgemacht haben, sind die Karibischen Riffhaie *(Carcharhinus perezi)* schon da. Wie Haushofmeister wirken einige fette Zackenbarsche von 30 bis 40 Kilogramm, die die Taucher ebenfalls erwarten. Die Besucher verteilen sich im Halbkreis am Riff. Dann taucht Didi, der Tauchguide, mit seinem Eimer ab, der etwa 30 Kilogramm Bonitos birgt. Die Haie wissen ganz genau, daß nun die Stunde des Festmahls gekommen ist. Langsam beginnen sie, in der Runde zu schwimmen. Nach und nach ziehen sie den Kreis enger und werden immer aufdringlicher. Die Taucher scheinen sie überhaupt nicht zu beeindrucken. Sie nähern sich ihnen frontal und drehen erst im letzten Moment, manchmal nur fünfzig Zentimeter von der Maske entfernt, ab. Mit einer Schwingung ihrer beweglichen Körper stoßen sie sich ins große Blau hinaus, um alsbald wieder auf der Szene zu erscheinen. Erst zum Abschluß dieser Vorführung wird das mitgebrachte Futter an die prächtigen Raubtiere verteilt. Auf diese Weise haben die Fotografen ausreichend Gelegenheit, das Ballett der Haie zu dokumentieren. Da man im Schutz des Riffes dem Spektakel beiwohnt, hat man ein großes Gefühl der Sicherheit. Die Spannung steigt allerdings bei der Verteilung des Futters. Brachen die Tiere zuvor nur vereinzelt in Raserei aus, so wird mit dem Öffnen des Eimers ein allgemeines Getümmel ausgelöst, die »feeding frenzy«. Die Haie stürzen sich wild durcheinander auf den Eimer, und auch die Zackenbarsche profitieren von dem Festmahl.

Charakteristisch am Karibischen Riffhai ist seine schlanke Körperform. Diese Art ist mittelgroß und wird nur etwa drei Meter lang, gewöhnlich trifft man auf etwa 1,80 Meter große Exemplare. Die Oberseite des Rumpfes ist silbergrau gefärbt, der Bauch weiß. Der Karibische Riffhai bevorzugt die flachen Riffbereiche und kommt um viele karibische Inseln herum sehr häufig vor. Er hat ein lebhaftes und aggressives Temperament und wird als potentiell gefährlich betrachtet. Vor allem Harpunierer mit Beute sollten sich vor einer Begegnung mit ihm hüten.

Unser Kommentar

Ohne Zweifel sind die Haifütterungen, die hier geboten werden, mit die besten auf der Welt. Ein Tauchgang, den man sehr intensiv erlebt – wobei alles in allem die Sicherheit des Tauchers gewährleistet zu sein scheint.

1

1 Eine kleine Gruppe Blaugestreifter Grunzer *(Haemulon sciurus)* sucht Schutz unter einer mächtigen Hirschhorn-Koralle.

2 Die Gelben Meerbarben *(Mulliodichthys martinicus)* sammeln sich in dichten Schwärmen, in denen sie auch dem Taucher gegenüber kaum Scheu zeigen.

3 Wenige Flossenschläge vom South West Reef entfernt ruht auf dem Meeresgrund das James-Bond-Wrack.

SOUTH WEST REEF
Der Korallengarten

SCHWIERIGKEITSGRAD	★
QUALITÄT DER TAUCHPLÄTZE	★ ★ ★
SONSTIGE SEHENSWÜRDIGKEITEN	★ ★ ★

Das südwestliche Riff, nur wenige hundert Meter von Coral Harbor gelegen, ist ideal für den zweiten Tauchgang. In flachem Wasser entfaltet sich ein reicher Garten aus Korallen und Gorgonien. Wegen des klaren, lichterfüllten Wassers, aber auch wegen der Vielfalt der Arten ist dies ein Paradies für den Unterwasserfotografen...

Praktische Tips

Wenn man sich in der Tiefe der großen Steilabfälle ausgiebig getummelt hat, sind die geringen Tiefen des südwestlichen Riffs prädestiniert dafür, hier die klassische Tauchausfahrt mit den »zwei Flaschen« ausklingen zu lassen. Auch für die Liebhaber von Nachttauchgängen ist dieser Platz ideal. Das Riff breitet sich als Aneinanderreihung von Korallenstöcken etwa 5 bis 7 Meter unter der Wasseroberfläche aus. Hierher kommt das Nassau Scuba Center mit Vorliebe, um Anfänger die ersten Freiwassertauchgänge erleben zu lassen. Man kann sich kaum etwas Besseres vorstellen, um die Freuden des Tauchens zu entdecken, als dieses zauberhafte Riff. Der europäische Winter und die Zeit des Frühlingsbeginns sind die idealen Zeiträume, um hier zu tauchen, denn dann ist das Wasser am klarsten. Von Juni bis Oktober herrscht sehr mildes Klima, und das Wasser ist ruhig, was zusammen zu einem Überfluß an Fischen führt.

² Besonderheiten

Dieses Riff liegt etwa eine Bootsstunde von der Küste entfernt und besteht aus unzähligen, unregelmäßig plazierten Korallenstöcken, die jeweils verschwenderisch mit Gorgonien, Schwämmen und anderen Wirbellosen besetzt sind. Die Tauchboote haben am Heck eine große Plattform, von der aus man sehr bequem ins Wasser gelangen kann. Strömung gibt es in diesen Gewässern praktisch nicht. Das kristallklare Wasser erscheint dem Taucher wie ein Segen des Himmels. Der auffallendste Bewohner dieser Riffe ist der Gelbschwänzige Schnapper *(Ocyurus chrysurus)*. Er steht gewöhnlich im Gegensatz zu vielen anderen Schnappern nicht im Schwarm, sondern alleine, schließt sich aber neugierig dem flossenbewehrten Taucher an. Der im Schnitt etwa vierzig Zentimeter lange Fisch begleitet den Besucher während des ganzen Tauchgangs und schwimmt immer vor der Maske hin und her, wobei er so richtig frech zu schauen pflegt. Im Gegensatz zu ihm stehen die Gelben Meerbarben *(Mulloidichthys martinicus)* und die Blaugestreiften Grunzer *(Haemulon sciurus)* immer im Schwarm. Auch sie tragen zum Vergnügen während dieses Tauchgangs bei, da man sich ihnen bis auf einen Meter nähern kann.

Ganz in der Nähe dieses Riffs liegt ein Wrack. Auch wenn man es zum ersten Mal erblickt, kommt es einem sofort vertraut vor. Das liegt wohl daran, daß man es aus einem Film kennt: Es wurde speziell für die Dreharbeiten an dem James-Bond-Film »Sag niemals nie« hier versenkt. Im Film erschien dieses Boot dann in einer unvergeßlichen Szene zusammen mit Tigerhaien. Da diese Tiere hier gefangen worden waren (allerdings etwas weiter außerhalb in tieferem Wasser), kann man sich dem kribbelnden Gefühl hingeben, mit diesen Meeresbewohnern zusammenzutreffen.

Unser Kommentar

Dieser Tauchplatz hinterläßt einen Eindruck äußerster Befriedigung. Man hat das Gefühl, in einem Aquarium zu tauchen. Nachts kommt eine ganz andere Population aus den Verstecken im Riff. Nun sind vorwiegend Muscheln, Krabben und die erblühten Polypen der Korallen zu sehen.

1

1 Die Gorgonie *Muricea muricata* bevorzugt als Standplatz schattige Stellen, wie sie sie in den Blauen Löchern findet.

2 Die Flachbodenboote der Small Bay Hope Lodge bieten dem Taucher viel Platz und Bequemlichkeit.

3 In den Nebenhöhlen der Blauen Löcher warten die Schulmeister (Lutjanus apodus) neugierig auf die Taucher.

4 Die Blauen Löcher führen den Taucher mit beeindruckenden Kavernen und Höhlen in die Eingeweide der Erde.

ANDROS
Unendlichkeit der Blauen Löcher

SCHWIERIGKEITSGRAD	★ ★ ★ ★
QUALITÄT DER TAUCHPLÄTZE	★ ★ ★
SONSTIGE SEHENSWÜRDIGKEITEN	★ ★

Blue Holes sind eine seltsame geologische Erscheinung und für lange Zeit ein Rätsel gewesen. Als Verbindung zwischen Festland und Meer bieten sie außerordentliche Tauchererlebnisse. In den Grotten und Höhlen glaubt man, zum Höhlenforscher zu werden und in der vierten Dimension zu schweben...

Praktische Tips

Eine Stunde etwa dauert der Flug von Fort Lauderdale in Florida, fünfzehn Minuten von Nassau aus, dann ist man auf Andros, der größten Insel der Bahamas. Sie ist gleichzeitig die am wenigsten besiedelte. Aufgrund ihrer isolierten Lage bietet sie ein Übermaß an Ruhe und Ländlichkeit. Auf Andros zu weilen, kommt einem Bruch mit der übrigen Welt gleich.

Die Small Bay Hope Lodge besteht aus einer Ansammlung kleiner Bungalows, die im Schatten unter Kokospalmen und Kasuarinen liegen. Man kommt als Kunde und verläßt diesen Ort als Freund. Die Atmosphäre ist so familiär, daß man sich wie zu Hause fühlt. Keine Schlüssel, kein Zwang. Tauchen gehört zu den Hauptbeschäftigungen hier. In 28jähriger Tätigkeit haben die Besitzer mit ihren Flossen auch den letzten betauchbaren Winkel erkundet. Wie auch immer Ihre Vorkenntnisse und Brevets aussehen: Sie kommen um einen

Testtauchgang nicht herum. Maske ausblasen, Wechselatmung und Verständigung unter Wasser werden geprüft. Das ist wegen der relativ isolierten Lage und der lokalen Gesetzgebung notwendig.

Besonderheiten

Andros gleicht einem natürlichen Schwamm. Es besteht aus porösem Kalkgestein, das gleichzeitig ein riesiges Süßwasserdepot darstellt. Die Blauen Löcher haben sich gebildet, als Decken und Wände solcher unterirdischer Reservoirs dem Wasserdruck nicht mehr standhalten konnten und brachen. Wechselnde Druckverhältnisse treten beispielsweise bei den ausgeprägten Gezeiten auf. Wenn die Ebbe sehr stark ist, bietet das Meer von außen nicht den erforderlichen Gegendruck zur Aufrechterhaltung eines Druckgleichgewichtes. Das Süßwasser bricht sich dann neue Bahnen, und so entstehen Gänge und Höhlen, die vom Festland ausgehend schließlich bis zum Meer führen und in einem riesigen Blue Hole münden. Einige dieser Löcher reichen bis in 30 oder 40 Meter Tiefe. Von ihnen gehen bis zu einem Kilometer lange Gänge aus, deren Betauchung äußerst gefährlich ist. Wo das Süßwasser und das Salzwasser zusammentreffen, bildet sich eine für den Kalkstein sehr korrosive Mischung. Daraus resultiert die Bildung von Stalaktiten und Stalagmiten in bestimmten Gängen.

Tauchgänge in den Blue Holes werden den gewöhnlichen Gästen kaum einmal angeboten. Nur Taucher mit besonderer Erfahrung und ohne Platzangst können diese außerordentlichen Tauchgänge unternehmen.

Andros bietet neben dieser Besonderheit leichte Tauchgänge an vorgelagerten Riffen in geringen Tiefen. Man trifft hier in klarem und sehr warmem Wasser auf die vertraute Fauna der Karibik.

Unser Kommentar

Das Tauchen in den Blue Holes ist geeignet, das Herz schneller schlagen zu lassen. Im absoluten Dunkel, nur vom Licht der Lampe und der Erfahrung des Tauchguides abhängig, muß man ein sehr großes Maß an Vertrauen aufbringen. Erleichtert atmet man auf, wenn endlich wieder das sprichwörtliche Blaue Loch auftaucht, die Gewißheit also, daß man durch einfaches Aufsteigen zur Oberfläche gelangen kann.

2

3

4

1 Der Franzosen-Kaiserfisch *(Pomacanthus paru)* scheint mit Goldtalern bedeckt zu sein.

2 Sehr vertraut mit dem Taucher tut gewöhnlich der Großflossen-Kaiserfisch *(Pomacanthus arcuatus)*. Er kommt bis auf wenige Zentimeter heran.

3 Die Großflossen-Kaiserfische können größer als 40 Zentimeter werden. Sie schwimmen mit viel Eleganz.

4 Da sich der Großflossen-Kaiserfisch von winziger Nahrungsbeute ernährt, wird er von den anderen Arten nicht gefürchtet.

CROWN ISLANDER
Kreuzfahrt mit dem Kaiser

SCHWIERIGKEITSGRAD	★ ★
QUALITÄT DER TAUCHPLÄTZE	★ ★
SONSTIGE SEHENSWÜRDIGKEITEN	★ ★ ★

Das Tauchschiff »Crown Islander«
ist ein richtiger schwimmender
Palast. Hier kommen ein leistungs-
starkes Schiff und eine Tauchaus-
rüstung vom Feinsten zusammen und
bieten jeweils fünfzehn beneidens-
werten Tauchern die Chance,
zu entfernteren Riffen auszufahren,
wo das Reich der Engels- und
Kaiserfische liegt...

Praktische Tips

Heimathafen der »Crown Islander« ist Nassau. Das Schiff ist 43 Meter lang und kann zweiunddreißig Personen – davon etwa fünfzehn Taucher – aufnehmen. Sieben Mann Besatzung kümmern sich um die Gäste. Auf der Tagesordnung stehen unbegrenzte Tauchgänge sowie Essen im Überfluß. Man glaubt es nicht, aber es ist wahr: Nach jedem Tauchgang wird eine Mahlzeit angeboten! Alle Leistungen sind im Pauschalpreis inbegriffen.
Der Tauchbetrieb wird von PADI-Tauchlehrern geleitet, ist aber freier als sonst auf amerikanischen Basen üblich. Bei Anmeldung muß man zwingend ein Brevet vorweisen (mindestens CMAS*). Anfänger können einen Einführungskurs absolvieren, müssen dafür allerdings englische Sprachkenntnisse mitbringen. Zu jeder Zeit steht ein Mitglied der Besatzung bereit, um bei den Vorbereitungen oder beim Verlassen des Wassers zu helfen. Alles an Bord ist für die Bequemlichkeit der Taucher einge-

richtet: großzügige Tauchplattform, gefüllte Tauchgeräte nach Belieben, tadelloses Material. Nützlich für die Fotografen ist das Fotolabor (Prozeß E6). Video-Ausrüstung und Nikonos können an Bord gemietet werden. Im Heck des Schiffes gibt es einen Materialraum, in dem man seine Ausrüstung zum Trocknen aufhängen kann. Hier hat der Taucher wirklich allen Komfort zur Verfügung!

Besonderheiten

Die Kreuzfahrten dauern drei, vier oder auch sieben Tage. Die Routen hängen von der Dauer der Ausfahrten ab. Das Schiff verkehrt rund um die Insel New Providence und sucht die bekanntesten Riffe auf. Dank einem Navigationssystem an Bord kann die »Crown Islander« sich über den Riffen direkt an den Steilabfällen positionieren. Auf diese Weise ist man direkt an den Tauchplätzen und kann diese am einfachsten genießen.

Wir haben in diesen Tauchrevieren vor allem die Engels- und Kaiserfische genossen, die praktisch ständige Tauchbegleiter sind. Zwei Arten kommen hier besonders häufig vor: Großflossen-Kaiserfisch (*Pomacanthus arcuatus*) und Samtschwarzer Kaiserfisch, auch Franzosen-Kaiserfisch (*Pomacanthus paru*) genannt. Letzterer ist gekennzeichnet durch goldgelbe Flecken auf dunkelgrauer Grundfärbung. Der Großflossen-Kaiserfisch dagegen trägt ein durchgängig helleres, metallgraues Farbkleid. Verspielt und manchmal sogar etwas zudringlich paradieren die vierzig bis fünfzig Zentimeter großen Kaiserfische um den Taucher herum.

Sie lernen auch schnell, Futter aus der Hand zu nehmen. Diese Fische haben ihren Lebensraum im flacheren Wasser am Riff, und selten trifft man sie unterhalb von 20 Meter an. Sie stehen oft paarweise zusammen und ernähren sich hauptsächlich von Wirbellosen und Algen. Die Jungtiere sind ganz anders gefärbt als die Ausgewachsenen, nämlich schwarz mit gelben, senkrechten Streifen. Im Zweifel lassen sich die beiden Arten an der Schwanzform unterscheiden: Beim Franzosen-Kaiserfisch ist der Schwanz gerundet, beim Großflossen-Kaiserfisch gerade und senkrecht.

Unser Kommentar

Diese Kreuzfahrt zeichnet sich durch den großen Komfort an Bord sowie durch die aufwendige Technik aus. Jedoch sollen die Umwelt-Probleme nicht übersehen werden: Jeden Tag wirft das Schiff mehrere Male seinen großen Anker, der über eine Tonne wiegt, auf das Riff und verursacht dabei irreparable Schäden im Ökosystem. Warum legt man nicht ein für allemal Ankerbojen an den Tauchplätzen aus, wie das in anderen Tauchgebieten schon längst gemacht wurde?

43

1 Die Schraube der »Comberbach« liegt in 30 Meter Tiefe und beeindruckt durch ihre Größe.

2 Schon beginnen Inkrustationen, den Rumpf farbig zu schmücken.

3 Das große Frachtschiff ist aufrecht auf den Grund gesunken und noch in ausgezeichnetem Erhaltungszustand.

COMBERBACH
Der schlummernde Riese

SCHWIERIGKEITSGRAD	★ ★
QUALITÄT DER TAUCHPLÄTZE	★ ★ ★
SONSTIGE SEHENSWÜRDIGKEITEN	★

Dieser Frachter wurde auf 30 Meter Tiefe versenkt, um den Tauchern mitten im Riff ein Wrack bieten zu können. Bei dem klaren und warmen Wasser können sich auch noch nicht so geübte Taucher zu diesem Wrack hinunterwagen und hier in aller Sicherheit zum ersten Mal die Faszination des Wracktauchens genießen...

Praktische Tips

Stella Maris ist eine langgezogene, sich über 150 Kilometer erstreckende Insel. Mitten hindurch verläuft der Wendekreis des Krebses. Stella Maris gehört zur Inselgruppe von Long Island und liegt im äußersten Süden der Bahamas. Man erreicht die Insel per Flugzeug von Nassau oder auch von Fort Lauderdale in Florida aus. Obwohl Stella Maris sehr isoliert liegt, wohnen doch fünftausend Menschen auf dieser Insel, verteilt auf dreißig kleine Siedlungen.

Das Stella Maris Inn ist ein Hotelkomplex in Form einer Bungalow-Anlage. Das Hotel verfügt über eine eigene Tauchbasis, die fünfzehn Autominuten entfernt im Marina Yacht Club untergebracht ist. Von hier aus fahren jeden Morgen die drei Tauchboote aus. Auf Anfrage sind auch mehrtägige Ausfahrten möglich. Am klarsten und fischreichsten sind die Tauchgründe hier von April bis in den Oktober hinein.

Besonderheiten

Über 27 sehr abwechslungsreiche Tauchplätze haben die Tauchguides des Stella Maris Inn mit Anlegebojen ausgestattet. Das Tauchboot »Sol Mar III« mit seiner riesigen, aufklappbaren Plattform bietet für zwanzig bis fünfundzwanzig Taucher bequem Platz. Die Anfahrt zu der Stelle, an der die »Comberbach« versenkt wurde, dauert 45 Minuten. Der 30 Meter lange Frachter ruht aufrecht auf dem Grund. Er wurde 1986 versenkt und ist inzwischen zum Lebensraum für eine große Anzahl von Fischen geworden. Ein Tau führt vom Wrack hinauf zur Anlegeboje. An dieser entlang kann man bequem in die Tiefe hinunter und auch wieder aufsteigen. Das Wasser ist sehr klar und gestattet die Gesamtansicht des Wracks. Fünfzehn Meter von der Backbordseite der »Comberbach« entfernt entdeckt man ein weiteres Wrack, die Überreste eines 15 Meter langen Segelbootes mit Stahlrumpf. Das halb verwaschene Weiß seines Rumpfes und der gebrochene Mast wirken bedrückend und lassen an einen Unfall denken. Im Gegensatz dazu hinterläßt die »Comberbach« mit ihrer imposanten Masse einen eher beruhigenden Eindruck.

Von den anderen renommierten Tauchplätzen um Stella Maris herum erwähnen wir insbesondere Reef Shark, wo man seit zehn Jahren die Riffhaie anfüttert. Auch Barracuda Head verdient einen Besuch, da dort enorme Schulen von Stachelmakrelen zu stehen pflegen und im Riff Zackenbarsche im Überfluß vorkommen. Letztere sind so an die Taucher gewöhnt, daß sie sich von diesen streicheln lassen.

Unser Kommentar

Die Tauchgründe von Stella Maris sind so vielfältig und reichhaltig, daß die Insel einen Aufenthalt von mindestens einer Woche wert ist, wenn man alle Schätze ausreichend erkunden will. Bedauerlicherweise ist das Hotelangebot beschränkt. Das Stella Maris Inn bietet zwar allen denkbaren Komfort, jedoch vermißt man schnell Unterhaltung und Zerstreuung. Diese Insel ist exklusiv den Liebhabern des Tauchens oder des Hochseeangelns zu empfehlen.

1 Ein Dreipunkt-Zackenbarsch *(Epinephelus cruentatus)* läßt sich von einem Putzerfisch gerade von Parasiten und Nahrungsresten befreien.

2 Der Gelbmäulige Zackenbarsch *(Mycteroperca interstitialis).*

3 Der Nassau-Grouper *(Epinephelus striatus)* lauert von der Höhe eines Schwamms aus.

PROVO
Treff der Zackenbarsche

SCHWIERIGKEITSGRAD	★ ★
QUALITÄT DER TAUCHPLÄTZE	★ ★
SONSTIGE SEHENSWÜRDIGKEITEN	★

Der Archipel von Turks und Caicos, etwas abseits in der Karibik gelegen, verdient eigentlich, besser bekannt zu sein. Alles zum Tauchen Notwendige ist vorhanden, und rings um die Inseln bietet sich eine große Anzahl verschiedenartiger Tauchplätze an. Vor allem: Man hat die Garantie, recht großen Zackenbarschen hautnah zu begegnen ...

Praktische Tips

Praktisch eine Fortsetzung der Inselgruppe der Bahamas, liegen die Inseln und Inselchen von Turks und Caicos nördlich von Hispaniola, etwa auf halbem Weg zwischen Miami und Puerto Rico. Sie sind zusammen nur 430 Quadratkilometer groß. Regelmäßige Flüge zwischen Miami und Providenciales (oder »Provo«, wie die Eingeweihten sagen) sorgen für die Anbindung an das internationale Flugnetz. Das Klima ist das ganze Jahr über warm, sonnig und trocken, so daß man auch ganzjährig tauchen kann. Die mittlere Jahrestemperatur dieses Archipels liegt bei 26°C.

Die Tauchbasen liegen hauptsächlich auf Provo. Wir können vor allem Provo Aquatic Center, Provo Turtle Diver und Third Turtle Divers empfehlen. Die beiden letzteren befinden sich im Hotel Island Princess beziehungsweise im Third Turtle Inn. Die Insel wird von einem nicht sehr tiefen Korallenriff eingesäumt. Dieses Riff ist so weitläufig, daß es in großen Teilen noch nicht erkundet ist. Man gelangt per Boot zu den Tauchplätzen, wobei man niemals weiter als zwei Kilometer hinausfahren muß. 1976 wurde eine Gesellschaft zum Schutz der Riffe und der Inseln (PRIDE) gegründet, um die Unterwasserwelt zu bewahren und ihre Erforschung zu ermutigen. Ihr Motto lautet: »Nimm nichts mit außer Fotos, töte nichts außer der Zeit, hinterlasse nichts als deine Luftblasen.« Eine Forderung, über die nachzudenken sich lohnt ...

Besonderheiten

Am Nordriff von Providenciales haben wir eine der beeindruckendsten Ansammlungen von Zackenbarschen erlebt, die man sich in der Karibik denken kann. Ein großer Teil dieses Riffs ist noch jungfräulich. Das Riff setzt sich aus großen Korallenstöcken zusammen, die kaum einmal niedriger als 12 Meter sind. Zwischen diesen Blöcken liegen enge Canyons. Ein Platz wird Grouper Hole, das »Loch der Zackenbarsche«, genannt.

Hier begegnet man vor allem dem Nassau-Grouper (*Epinephelus striatus*). Dieser recht wohlbeleibte Fisch kann bis zu 1,20 Meter groß werden. Er ist faul und läßt sich häufig einfach vom Wasser tragen, oder er legt sich nonchalant auf einen großen Schwamm.

Kleiner, aber sehr hübsch in der Färbung ist der Dreipunkt-Zackenbarsch (*Epinephelus cruentatus*), den man hier »Graysby« nennt. Das Farbkleid ist recht variabel in vorwiegend rot, orange oder braun und über und über gesprenkelt. Ein weiteres Merkmal sind die schönen, blauen Augen. Etwas weniger häufig ist der Gelbmäulige Zackenbarsch (*Mycteroperca interstitialis*). Ihn erkennt man an der zitronengelben Auskleidung seines Schlundes. Dieser Zackenbarsch kann bis zu einem Meter groß werden.

Alle Zackenbarsche sind gierige Raubfische und jagen vorzugsweise aus einer Lauerstellung heraus. Man kommt leicht nahe an sie heran, da sie dem Taucher viel Neugierde entgegenbringen.

Unser Kommentar

Hier gibt es sehr schöne Tauchgründe, bei deren Besuch sich noch das Gefühl von Abenteuer und Entdeckung einstellt. Schon allein die kleinen Boote, mit denen ausgefahren wird, unterscheiden sich wohltuend von den Tauchbooten für zwanzig und mehr Personen andernorts in der Karibik! Besuchen Sie die Turks and Caicos außerhalb der Hochsaison, und Sie werden nicht enttäuscht sein.

1

1 Jojo, ein Großer Tümmler *(Tursiops truncatus)*, sucht seit mehreren Jahren die Nähe der Taucher.

2 Architektur und Dekoration des Tauchzentrums Omega Dive wirken recht ungewöhnlich, jedoch ist der Service profihaft.

3 Nur sehr geduldige Taucher gelangen in den Genuß eines hautnahen Kontakts mit Jojo.

4 Der Kaktus *Melocactus intortus* mit seinem fezartigen Auswuchs steht als Namensgeber für die Turks-Inseln.

GRAND TURK
Unser Freund Jojo, der Delphin

SCHWIERIGKEITSGRAD	★
QUALITÄT DER TAUCHPLÄTZE	★★★
SONSTIGE SEHENSWÜRDIGKEITEN	★★

Jacques Mayol, der Delphin-Mensch, hat ihn berühmt gemacht. Aber er ist schon seit langem der Freund der Taucher. Wir sind ihm seltsamerweise vor Grand Turk begegnet, obwohl er gewöhnlich vor Providenciales, beinahe hundert Meilen weiter westlich, lebt . . .

Praktische Tips

Obwohl der Name etwas anderes ausdrückt, gehört Grand Turk seltsamerweise zu den kleinsten Inseln des Archipels der Turks and Caicos. Sie liegt im Südosten der Inselgruppe und ist durch regelmäßige Flüge der Carnival Airlines von Miami aus zu erreichen. Die ungefähr vierzig Inseln von Turks and Caicos werden von mehr als dreihundert Kilometer Riffen umringt. Die Bahamas liegen zwar nicht weit, dennoch ist hier das Ambiente noch viel urwüchsiger. Der Name Turks stammt von einem Kaktus *(Melocactus)*, der auf dieser Insel sehr häufig vorkommt. Ein roter Auswuchs an der Spitze dieser Pflanze erinnert an einen Fez, die traditionelle Kopfbedeckung der Türken. Grand Turk ist recht trocken und hat nur 60 bis 80 Zentimeter Niederschläge jährlich.

Auf Grand Turk befinden sich zwei große Tauchzentren. Wir haben mit der Basis Omega getaucht, außerdem gibt es noch die Basis Blue Waters. Beide sind gut ausgerüstet und bieten einen soliden Rahmen für die Tauchabenteuer. Alle Tauchplätze sind leicht erreichbar, meist sind es weniger als zehn Bootsminuten. Das Meer ist im allgemeinen ruhig, denn die betreffenden Küsten sind nicht dem vorherrschenden Wind ausgesetzt. Alle Tauchplätze sind mit Ankerbojen ausgestattet. Dadurch können Beschädigungen des Riffs beim Ankern vermieden werden. Die Tauchguides hier achten besonders aufmerksam darauf, daß überbleite oder des Tarierens unkundige Taucher keine Schäden an den Korallen anrichten. Die einheimische Bevölkerung ist sehr sympathisch, allerdings ist das Leben relativ teuer.

Besonderheiten

Der berühmteste Bewohner der Gewässer von Turks and Caicos ist zweifellos Jojo, der Delphin. Er lebt einerseits wild, hat sich andererseits aber mit den Tauchern angefreundet und gefällt sich in deren Gesellschaft.
Wir sind ihm am Tauchplatz Aquarium auf einem Sandgrund in etwa 10 Meter Tiefe begegnet. Das ist ein Riff, das sich zum Freiwasser hin öffnet, so daß man häufig pelagische Großfische vorbeiziehen sieht. Man kann dort sehr regelmäßig zwischen Januar und April Bartenwalen begegnen.

3

2

Unser Kommentar

Der Tauchgang mit Jojo bleibt uns als prächtiger Eindruck im Gedächtnis, wie ja ein Zusammentreffen mit Meeressäugetieren immer ein besonderes Vergnügen bedeutet. Die Tauchplätze, wo eine solche Erfahrung möglich ist, sind selten. Allerdings ist Jojo recht launenhaft, und es ist niemals sicher, daß es auch zu einer Begegnung mit ihm kommt . . .

Einer der berühmtesten Tauchplätze von Grand Turk wird Tunnel genannt. Hier findet man eine verschwenderische Unterwasserlandschaft mit sehr zutraulichen Fischen. Da überhaupt keine Strömung herrscht, ist das Tauchen hier sehr leicht. Die Tiefe variiert zwischen 10 und 40 Meter. Der Name des Tauchplatzes rührt von einem Tunnel her, der das Riff von einer Tiefe von etwa 10 Meter aus durchbohrt und am Außenriff auf etwa 20 Meter Tiefe wieder ans Tageslicht führt.

4

GROSSE ANTILLEN

GROSSE ANTILLEN

Die Zentrale Karibik wird von Kuba beherrscht, der bei weitem größten Insel der Antillen. Diese große Inselgruppe reicht vom äußersten Süden Floridas bis zu den Jungferninseln. Die Virgin Islands sind der nördliche Ausläufer der Inseln unter dem Wind, werden aber geologisch den Großen Antillen zugeordnet. Das Klima ist wirklich paradiesisch zu nennen mit konstanten mittleren Temperaturen von 24 bis 26°C. Dies hat die Entwicklung unzähliger Korallenriffe ermöglicht, die der Erkundung durch den Taucher harren. Was das Tauchen anlangt, haben die Großen Antillen eine recht stürmische Entwicklung erlebt. Die Cayman-Inseln im Süden von Kuba beispielsweise sind zum beliebten Treffpunkt der amerikanischen Taucher geworden. Kuba dagegen wird mehr von Europäern besucht. Sie finden dort steil abfallende Riffe, an denen tiefe und erlebnisreiche Tauchgänge unternommen werden können. Das recht wenig entwickelte Jamaika lebt in der Unbekümmertheit des Reggae. Dort sind weite Riffgebiete noch jungfräulich. In Puerto Rico wirkt sich der spanische Einfluß bis heute stark aus, es ist originell, lebendig und lebhaft. Die Gewässer um Puerto Rico, für oftmals spektakuläre Fänge beim Hochseeangeln bekannt, öffnen sich nach und nach auch für den Tauchtourismus. Die Tauchplätze sind bislang wenig erforscht, weshalb man noch inmitten einer farbenprächtigen und intakten Korallenwelt taucht.

Die Jungferninseln sind der Endpunkt unseres Streifzugs durch diese Region. Sie sind politisch zweigeteilt und gehören zur Hälfte zu den Vereinigten Staaten, zur Hälfte zu Großbritannien. Diese bunt zusammengewürfelten Inselchen verdienten es, besser bekannt zu sein, denn sie bieten mit die besten Tauchplätze in der ganzen Karibik. Als Plus kommt hinzu, daß hier Komfort und Sicherheit garantiert sind.

Vorhergehende Seite: Die Gewässer in der Zentralen Karibik sind häufig von beeindruckender Klarheit, und die Sichtweiten können oft 30 Meter überschreiten. Hier findet also der Unterwasserfotograf Traumtauchplätze.

Rechte Seite: Ein Schwarm Gelber Meerbarben *(Mulloidichthys martinicus)* weicht an einem Tauchplatz vor Grand Cayman langsam vor dem Taucher zurück. Im Vordergrund kann man eine bemerkenswert große Elchgeweihkoralle *(Acropora palmata)* bewundern.

19 Pinos
20 Cayo Largo
21 Bloody Bay
22 North Wall
23 Stingray City
24 Airport Reef
25 Sands Club Reef
26 Montego Bay
27 Paradise Reef
28 San Juan
29 Fajardo
30 Culebra
31 St. Croix
32 St. Thomas
33 Salt Island
34 Virgin Gorda

1

1 Der Franzosengrunzer *(Haemulon flavolineatum)*, in den Gewässern von Kuba sehr häufig, ist mit den Schnappern nahe verwandt.

2 Die Grunzer versammeln sich inmitten der Korallen zu angeregt durcheinanderwimmelnden Schulen.

3 Pinos, die Insel der Pinien, gilt nach manchen Quellen auch als die Schatzinsel.

DIE SCHATZINSEL
Parade der Schnapper

SCHWIERIGKEITSGRAD	★ ★ ★
QUALITÄT DER TAUCHPLÄTZE	★ ★ ★
SONSTIGE SEHENSWÜRDIGKEITEN	★

Pinos, die »Insel der Jugend«, bietet die wichtigsten Tauchgründe um Kuba herum. Die Insel hat sich ganz dem Tourismus und der Erholung verschrieben. Rund zwanzig Tauchplätze hat man erschlossen. Sie liegen häufig entlang schwindelerregender Steilabfälle. Die Fische haben sich an die Taucher gewöhnt und zeigen sich vertraut ...

Praktische Tips

Pinos, die Insel der Pinien, trägt seit einigen Jahren den Beinamen »Insel der Jugend«. Wir wollen allerdings bei ihrem altvertrauten Namen bleiben. Die Mehrheit der Tauchplätze liegt an der »Küste der Piraten«, einer weit geschwungenen Bucht zwischen der Punta Francès und der Punta Pedernales. Sie diente in alten Zeiten als natürlicher Hafen für die Freibeuter vom Schlage eines Drake oder eines Morgan. Es werden aber auch weiter hinausführende Tauchausfahrten entlang der Halbinsel bis hin zum Cabo Francès unternommen.

Pinos hat auch in der Literatur seine Bedeutung, denn Robert Louis Stevenson machte sie zum Schauplatz seines bekannten Romans »Die Schatzinsel«. Unter diesem Namen wird die Insel in Deutschland touristisch vermarktet. Mitten in der Karibik gelegen, etwa 150 Kilometer von der kubanischen Hauptstadt Havanna entfernt, ist Pinos von mächtigen Korallenriffen umgeben. Bestandsauf-

2

3

nahmen ergaben über 1500 Arten von Fischen, Korallen, Schwämmen, Krustentieren und anderen Wirbellosen in diesen stets warmen Gewässern. Das Hotel Colony, das teilweise abgebrannt war, ist vollständig wiederaufgebaut worden. Es bietet heute einen recht komfortablen Aufenthalt.

Besonderheiten

Der gute Ruf, den die Tauchbasis des Hotels Colony genießt, ist sowohl im Hinblick auf die Qualität der Ausrüstung als auch wegen der Tauchplätze gerechtfertigt. Jeder Tauchplatz ist sorgfältig beschrieben und trägt einen sinnreichen Namen, beispielsweise Höhle des Geheimnisses, Liebestunnel, Piratenanker oder Tal der Korallen. Die Mehrzahl der Tauchgänge führt in Tiefen von 20 bis 35 Meter. Das Wasser hat eine mittlere Temperatur von 26°C und ist in der trockenen Periode von November bis April sehr klar. Die Riffe mit ihren vielfältigen Formen bilden herrliche Unterwasserlandschaften. Sie sind reich bevölkert, und man kann oft große Fischschwärme entdecken.

Am häufigsten vertreten sind die Grunzer *(Familie Haemulidae)*. Etwa zehn verschiedene Arten trifft man hier an. Diese Fische, die nahe verwandt sind mit den Schnappern, leben meist in Schwärmen von dreißig bis hundert Individuen. Die am häufigsten vorkommende Art ist *Haemulon sciurus*, Blaugestreifter Grunzer oder auch Eichhörnchen-Schnapper genannt. Der hübsche Fisch hat eine gelbe Grundfärbung mit feinen, blauen Streifen darin. Wenn der Taucher seinen Atem anhält, kann er sich sehr nahe an diese Fische heranpirschen.

Sehr häufig kommen hier auch die Kreolen-Lippfische *(Clepticus parrai)* vor, die eine große Ähnlichkeit mit den Meerjunkern haben. Sie werden nur dreißig Zentimeter groß und schwimmen lebhaft im Riff herum.

Unser Kommentar

Die Riffe vor Pinos erlauben tiefere Tauchgänge als sonst in der Karibik üblich. Man erlebt deshalb das Tauchen intensiver und muß sich mehr anstrengen, ja man vermeint, hier das Geheimnis des Tauchens tiefer zu erleben. Außerhalb der Regenzeiten ist das Wasser stärker aufgewühlt, aber meist auch noch fischreicher.

55

1 Die gewöhnliche Languste in der Karibik ist die Art *Palinurus argus*. Sie hält sich vorzugsweise auf steinigem Untergrund auf.

2 Die Strände mit feinem weißen Sand laden auf Cayo Largo zum Faulenzen ein.

3 Die Langusten sind nicht scheu und können sogar mit der Hand gefangen werden. Es versteht sich von selbst, daß man sie nach solchen »Spielchen« wieder freiläßt.

CAYO LARGO
Im Land der Langusten

SCHWIERIGKEITSGRAD	★★
QUALITÄT DER TAUCHPLÄTZE	★★
SONSTIGE SEHENSWÜRDIGKEITEN	★★

Die berühmten kubanischen Langusten finden sich in den Gewässern um Cayo Largo herum im Überfluß. Die Riffe mit ihrem klaren Wasser sind ein Paradies für Taucher und alle anderen glühenden Verehrer des Wassersports ...

Praktische Tips

Nur eine halbe Stunde dauert der Flug von Havanna, der Hauptstadt Kubas, nach Cayo Largo. Diese Insel diente früher als Militärbasis und wurde dann zur Urlaubsinsel umgestaltet. Da die Zahl der Touristen beschränkt ist, bietet Cayo Largo eine recht entspannte Stimmung, und die einheimischen Fischer sind sehr liebenswürdig. Man kann bei ihnen für einige Stunden oder auch für eine Tagesausfahrt Boote mieten.

Das Tauchen wird vom einzigen Hotel auf der Insel organisiert. Die Tauchgründe in Inselnähe sind 5 bis 6 Meter tief, fallen aber etwas entfernter bis auf 60 Meter ab. Von September bis Dezember sind die günstigsten Monate für das Tauchen, weil dann die Winde gemäßigt sind. Da die Riffe nicht geschützt liegen, kann man weiter draußen nur bei ruhigem Wetter tauchen. Die Monate Januar und Februar sollte man meiden, da während dieser Zeit häufig schwere tropische Tiefs drohen.

2

Besonderheiten

Die Riffe vor Cayo Largo zeichnen sich vor allem durch ihren Langustenreichtum aus. Sie haben nicht die Form eines Barriereriffs, sondern es handelt sich um eine Anhäufung einzelner Korallenblöcke auf dem Sandgrund. Diese Unterwasserlandschaft ist offenbar für die Verbreitung der Langusten sehr förderlich. Langusten leben vorwiegend in geringen Tiefen, deshalb kann es sogar beim Schnorcheln zu Begegnungen mit ihnen kommen. Die kleinste Nische im Korallenblock reicht ihnen aus, um sie zu besiedeln. Häufig trifft man sie auch zu mehreren an, wobei eine auf die andere getürmt ist. Die meisten der Langusten von Cayo Largo sind etwa vierzig Zentimeter lang. Nicht selten trifft man aber auch auf wahre Monster, die über sechzig Zentimeter messen.

3

Die weibliche Languste bringt etwa fünfzehntausend Eier hervor. Sie trägt sie bis zum Schlüpfen der Jungen an ihrer Bauchseite angeheftet. Die etwa drei Millimeter langen Larven leben dann freischwimmend im Wasser und werden durch die Strömung verdriftet. Nach zwei Monaten beginnen sie ihr bodenständiges Leben. Sie ernähren sich überwiegend von organischen Abfällen. Wie alle Krustentiere müssen auch die Langusten häufig ihren Panzer wechseln, um ihre Wachstumsschritte zu vollziehen. Sie werfen ihren Panzer, der praktisch ein äußeres Skelett darstellt, ab. Die Haut scheidet dann einen neuen aus, der erhärten muß. In dieser Zeit sind die Langusten am stärksten von ihren Freßfeinden bedroht.

Unser Kommentar

Cayo Largo mag wegen der wenigen touristischen Möglichkeiten etwas trist erscheinen. Andererseits herrscht hier aber eine sehr sympathische und entspannte Atmosphäre. Die ausgedehnten Mangroven um die Insel herum mögen zum Schnorcheln zwischen den Wurzeln verleiten, um die dort vorhandene reiche Mikrofauna zu erkunden – dabei riskiert man allerdings, sich plötzlich Auge in Auge mit einem Krokodil zu finden.

1 Winzig klein sind die Krustenanemonen der Art *Parazoanthus swiftii*. Sie ähneln stark den Polypen der Steinkorallen.

2 Wie man schon dem Wappenschild entnehmen kann, sind die Cayman-Inseln sehr gastfreundlich.

B LOODY BAY
Die tausendarmigen Anemonen

SCHWIERIGKEITSGRAD	★★
QUALITÄT DER TAUCHPLÄTZE	★★★
SONSTIGE SEHENSWÜRDIGKEITEN	★

Im Herzen eines Riffs,
das mit den Fächern der Gorgonien
und den großen Bechern
der Schwämme reich bestanden ist,
verbirgt sich eine Vielfalt von
Anemonen, diesen zurückhaltenden,
festsitzenden Tieren mit ihren
nesselnden Armen . . .

Praktische Tips

Little Cayman ist die kleinste und am wenigsten besiedelte der drei Inseln, aus denen Cayman Islands besteht. Die Insel ist umgeben von einem dichten Mangrovengestrüpp. Seit Februar 1986 sind die Gewässer um die Cayman Islands als Marinepark deklariert. Um die Riffe zu schonen, wurden an den beliebtesten Tauchplätzen feste Anlegebojen installiert. Das erleichtert das Auffinden und sichere Befestigen des Bootes. Wie überall in derartigen Schutzzonen ist es verboten, Objekte gleich welcher Art zu entnehmen. Auf Little Cayman stehen für den Taucher mehrere Hotels zur Verfügung, beispielsweise Pirates Point Resort, Sam McCoy's Diving Lodge oder Southern Cross Club. Dennoch ist die Zahl der Hotelzimmer beschränkt, und die Preise sind sehr hoch. Die besten Möglichkeiten zum Erkunden der Gewässer um Little Cayman hat man von Bord eines Kreuzfahrtbootes aus. Zu den zu Recht renommiertesten Booten hier zählt die »Cayman Aggressor«.

Besonderheiten

Die Bucht »Bloody Bay« liegt im Westen von Little Cayman. Das Riff reicht bis beinahe zur Wasseroberfläche. Man ist also mit dem Eintauchen bereits im Riff, das nach und nach bis auf 6 Meter abfällt. Dann folgt unvermittelt der Steilabfall, der senkrecht bis auf 180 Meter Tiefe stürzt. Wenn man auf geringer Tiefe am Riff entlangtaucht, gelangt man schließlich zum Three Fathom Wall. Dies ist ein herrlicher Steilabfall, der in Stufen bis auf 35 Meter Tiefe führt. Er dürfte für die meisten Taucher angenehmer zu betauchen sein als ein Steilabfall ins Bodenlose. In den Überhängen und Nischen des Riffs lebt eine unglaublich reiche Kleinfauna, insbesondere viele Seeanemonen. Es gibt aber außerdem unzählige Formen von Schwämmen, Seescheiden, Gorgonien sowie deren übliche Gäste: Krebstiere, Schleimfische, Krabben und Muscheln.

Die kleinen, in Gruppen zusammenlebenden Krustenanemonen sind mit den Anemonen nahe verwandt. Bei flüchtiger Betrachtung könnte man die Arten *Parazoanthus swiftii* und *Zoanthus pulchellus* leicht mit Korallenpolypen verwechseln. Die festsitzenden Tiere entwickeln sich häufig auf Schwämmen. Auch andere Anemonen ähneln stark den Korallen, beispielsweise die Art *Discosoma sanctithomae* mit kurzen, grünen Tentakeln oder *Ricordea sp.*, die einer Pflanze ähnlich sieht und häufig fluoreszierend erscheint.

Die größte Anemone dieser Gewässer ist *Condylactis gigantea*. Sie kann einen Durchmesser von dreißig Zentimeter erreichen und ist an den purpurfarbenen Tentakelspitzen zu identifizieren. Ebenfalls zu den Seeanemonen zählen die Zylinderrosen. Sie tragen bis zu einhundert Tentakel um die Mundscheibe und ziehen diese ein, wenn man sie stört. Nicht verwechseln sollte man die Zylinderrosen mit Röhrenwürmern. Letztere zählen nicht zu den Hohltieren, sondern zu den Würmern.

Unser Kommentar

Der Steilabfall von »Bloody Bay« gilt unter den amerikanischen Tauchern als einer der schönsten Tauchplätze weltweit. In der Tat ist die Wand beeindruckend. Sagen wir also, daß es sich um einen der schönsten Tauchplätze in der Karibik handelt. Wer gern in Grotten und Canyons taucht, kommt hier ebenfalls auf seine Kosten.

3 In kompakten Kolonien leben die wunderschönen, roten Krustenanemonen der Art *Parazoanthus sp.*

4 Die Tentakel vieler Anemonen nesseln recht stark.

5 Die Taucherin bewundert ein prächtiges Exemplar der Anemone *Condylactis gigantea*.

6 Die Anemone *Ricordea sp.* wächst gedrungen und hat gerundete, kugelähnliche Tentakel.

7 Nahe verwandt mit den Anemonen sind die Zylinderrosen, hier *Cerianthus membranaceus*.

1

1 Die Schildkröten-farm auf Grand Cayman ist ein Pilotprojekt, das zur Erhaltung dieser Arten beitragen will.

2 Die Unechte Karette *(Caretta caretta)* erkennt man an ihrem recht voluminösen Kopf.

3 Am häufigsten trifft man in diesen Gewässern auf die Suppen-schildkröte *(Chelonia mydas)*.

NORTH WALL

Das Geheimnis der Schildkröten

SCHWIERIGKEITSGRAD	★★
QUALITÄT DER TAUCHPLÄTZE	★★★
SONSTIGE SEHENSWÜRDIGKEITEN	★

In Georgetown, der Hauptstadt der Cayman-Inseln, werden die Schildkröten auf einer Musterfarm aufgezogen und dann ins Meer entlassen. Deshalb trifft man sie in den Riffen in großer Zahl an, vor allem an den Steilabfällen im Norden von Grand Cayman. Diese Tauchplätze werden zu Recht international hoch gerühmt ...

Praktische Tips

Die Cayman-Inseln wurden am 10. Mai 1503 von Christoph Kolumbus gesichtet. Schon damals waren sie wegen ihres Reichtums an Schildkröten berühmt, und bis heute ist dieses herrliche Tier das Wahrzeichen des Landes geblieben. Das Wappenschild von Grand Cayman zeigt eine Schildkröte, die als Pirat verkleidet ist und ein Holzbein hat. Die Cayman-Inseln sind eine britische Kolonie und werden vor allem von den amerikanischen Tauchern hoch geschätzt. Die touristische Infrastruktur ist ausgezeichnet ausgebaut, und es gibt eine breite Auswahl an Hotels aller Kategorien. Meist sind die Tauchbasen einem Hotel angegliedert und verfügen so über alle Möglichkeiten. Wir können Ihnen unter anderen die folgenden Basen empfehlen: Bob Soto's, Divi Tiara, Treasure Island, Sunset House, Eden Rock, Don Foster's und so weiter. Die meisten dieser Basen bieten Pauschalarrangements an, die die Unterkunft und den Transferflug von Miami aus einschließen.

Besonderheiten

North Wall ist eine der renommiertesten Tauchregionen der Karibik mit Dutzenden interessanter Tauchplätze. Dieses Riff beginnt bei der Schildkrötenfarm und verläuft bis zum No Name Wall, einem der weiteren ganz großen Tauchplätze vor Grand Cayman. Alle diese Riffe zeichnen sich durch schwindelerregende Steilwände aus. Hier trifft man häufig auf Schildkröten, die graziös durch das klare und intensive Blau kreuzen. Anderswo sind die Schildkröten vom Aussterben bedroht, aber in diesen Gewässern kommen sie tatsächlich noch sehr zahlreich vor.

Es ist wahr, daß Tausende von ihnen zur kommerziellen Verwertung aufgezogen werden. Von jeder gezogenen Generation werden aber zehn Prozent in die Freiheit entlassen, wenn sie einen bestimmten Entwicklungsstand erreicht haben. Das ist mehr, als bei natürlicher Fortpflanzung überlebt, denn dort sind es weniger als fünf Prozent. So erklärt sich, daß man hier so viele dieser gepanzerten Reptilien antrifft.

Drei Arten teilen sich die Gewässer: Die Echte Karette *(Eretmochelys imbricata)* ist die seltenste, da wegen des Schildpatts dieser Art am meisten nachgestellt worden ist. Sie ist die kleinste der Meeresschildkröten, und die Exemplare, denen der Taucher begegnet, wiegen selten mehr als 50 Kilogramm.

Die häufigste Art ist die mit braunem Panzer ausgestattete Unechte Karette *(Caretta caretta)*. Sie wiegt im Mittel 90 bis 150 Kilogramm.

Gelegentlich stößt man auch auf eine Suppenschildkröte *(Chelonia mydas)*, die sich an ihrem großen Kopf von den anderen unterscheiden läßt. Sie kann riesengroß werden und ein Gewicht von über 300 Kilogramm erreichen. Es ist immer etwas Besonderes, ihr zu begegnen.

Unser Kommentar

Die Cayman-Inseln bieten unzählige reizvolle Tauchplätze. Wenn Sie es vorziehen, außerhalb des Massenbetriebes zu tauchen, sollten Sie sich für eine Kreuzfahrt auf einem der speziellen Tauchboote entschließen. Viel Komfort findet man beispielsweise auf der »Cayman Aggressor«, mit der man die entferntesten Plätze erreicht und unlimitiert tauchen kann.

Miterleben sollten Sie auch das einmalige Abenteuer einer Fahrt mit dem Tauchboot; solche Fahrten werden hier regelmäßig angeboten. Es gibt zwei Arten von Tauchbooten: Die »RSL« kann mit zwei Gästen bis zu 240 Meter Tiefe gehen, um die Tiefenfauna zu beobachten. Die »Atlantis« begnügt sich mit 40 Meter Tauchtiefe, kann aber vierzehn Passagiere aufnehmen – ein wirklich einzigartiges Erlebnis, das Sie nicht missen sollten!

1

1 In Stingray City, wo sich die Südlichen Stachelrochen *(Dasyatis americana)* einstellen, sind solche Szenen keine Ausnahme, sondern die Regel.

2 Die gefräßigen Stachelrochen hüllen ihren Futtermeister vollständig ein.

3 Aus der Luft erkennt man die flache Lagune von Stingray City.

4 Die Stachelrochen lieben es besonders, sich auf dem Kopf der Besucher niederzulassen.

STINGRAY CITY
Farandole der Stachelrochen

SCHWIERIGKEITSGRAD	★
QUALITÄT DER TAUCHPLÄTZE	★★★★
SONSTIGE SEHENSWÜRDIGKEITEN	★★

**Seit Jahren schon
zählt Stingray City,
die »Stadt der Stachelrochen«, weltweit zu den taucherischen Höhepunkten. Nirgendwo
anders hat sich eine derartige
Liebesgeschichte zwischen dem
Menschen und den Rochen
mit ihren giftigen Stacheln
entwickeln können ...**

Praktische Tips

Grand Cayman liegt 400 Kilometer von Kuba entfernt und erfreut sich das ganze Jahr über eines angenehmen Klimas. Georgetown, die Hauptstadt, erreicht man nach etwa einstündigem Flug mit Cayman Airways oder Eastern Airlines von Miami aus. Zwischen Juni und November gibt es eine Regenzeit. Zum Tauchen sollte man die Insel zwischen Dezember und Mai besuchen. Das klare Wasser hat dann eine Temperatur von 25 bis 26°C.
Alles ist hier auf amerikanische Weise organisiert. Das bedeutet: Man braucht keine Überraschungen zu befürchten, darf sie allerdings auch nicht erhoffen! Das Tauchen ist eine der Hauptsäulen des Tourismus der Insel. Es gibt zahlreiche kommerzielle Tauchbasen. Über siebzig Boote, die jeweils zwischen fünfundzwanzig und dreißig Taucher aufnehmen können, stehen zu den Ausfahrten bereit. Der eine oder andere mag diese unglaubliche Konzentration an »Froschmännern« eher lästig finden.

2 Nach Möglichkeit sollte man die Zeiten der Weihnachts- und Osterferien vermeiden. Das größte Tauchzentrum der Insel ist Bob Soto's Diving Center. Es wird von Ron Kipp geleitet, dem berühmten Entdecker von Stingray City.

Besonderheiten

3 Am Nordriff, das hier North Wall genannt wird, etwa dreißig Bootsminuten von der Tauchbasis entfernt, liegt das »Tal der Stachelrochen«, heute vorwiegend Stingray City benannt, als Verlängerung des »Tals der Tarpone«. Letzteres ist bekannt als Versammlungsort einer Hundertschaft enorm großer Tarpone. In der Lagune werden die Korallenstücke immer seltener, je mehr man sich vom Riff entfernt. Dann folgt eine weite Sandfläche: die Heimat der Stachelrochen. Die großen Rochen, auf dem Rücken grau, auf dem Bauch reinweiß gefärbt, sind wegen ihrer giftigen Stachel berüchtigt. Gewöhnlich sind sie scheu und halten sich vorwiegend solitär, hier aber haben etwa zwanzig Tiere sich zu einer Gruppe zusammengefunden und sind sehr zutraulich zum Taucher. Als unermüdliche Vielfresser kommen sie heran, um die mitgebrachten Tintenfische vom Taucher zu ergattern. Auf eine graziöse Art, mehr fliegend als schwimmend, streichen sie sacht am Besucher entlang und lassen sich sogar auf seinem Kopf nieder, um ihrem Betteln Nachdruck zu verleihen. Manchmal muß man sich richtig verdrehen, um den Happen in das Maul des Tieres plazieren zu können. Stingray City, diese Attraktion von Grand Cayman, ist bis heute einmalig in den Annalen der Taucherei und deshalb weltweit berühmt. Ein Besuch und das Erlebnis der außergewöhnlichen Vertrautheit der Stachelrochen ist auf jeden Fall empfehlenswert – auch wenn man heute ihr Verhalten als recht abartig bezeichnen muß. Hier ist die Anfütterung von Meeresbewohnern an einen Punkt getrieben worden, wo die Tiere wohl ziemlich unfähig zur Nahrungsgewinnung aus eigener Kraft geworden sind, weil an den »Tafeln der Taucher« der Tisch zu reich gedeckt ist ...

Unser Kommentar

4 Das Erlebnis von Stingray City ist etwas ganz Außergewöhnliches, auch wenn der Tauchgang selbst sich auf nur 3 Meter Wassertiefe vollzieht. Heutzutage limitieren die Tauchbasen von Cayman ihre Ausfahrten nach Stingray City, um den Platz nicht überzustrapazieren.

1

1 Von seltenem Reichtum sind die Riffe von Cayman Brac, in denen sich ein Ampel-Papageifisch *(Sparisoma viride)* tummelt.

2 Charakteristisch für die karibischen Gewässer ist der Mitternachts-Papageifisch *(Scarus coelestinus)*.

3 Der Ampel-Papageifisch ist recht scheu und verbirgt sich bei der geringsten Beunruhigung in den Korallen.

4 Auf Cayman Brac werden kleine, aber sehr gut ausgerüstete Tauchboote eingesetzt.

AIRPORT REEF
Karneval unter Wasser

SCHWIERIGKEITSGRAD	★★
QUALITÄT DER TAUCHPLÄTZE	★★★
SONSTIGE SEHENSWÜRDIGKEITEN	★★

Im äußersten Süden der kleinen Insel Cayman Brac bildet ein Riff, das von vielen tiefen Einschnitten durchzogen ist, einen schönen Tauchplatz für entspannte Tauchgänge. Dieses an sich schon farbenprächtige Riff wird durch das Hin und Her der vielfarbigen Papageifische noch zusätzlich belebt ...

Praktische Tips

Cayman Brac, nahe bei Little Cayman, 138 Kilometer von Grand Cayman entfernt gelegen, ist eine kleine, längliche Insel und teilweise noch im Urzustand. Eine wuchernde Vegetation von Sukkulenten und Kakteen hat eine recht eigenartige Landschaft geschaffen, eine Mischung aus Dschungel und Trockenflächen. Cayman Brac ist zwanzig Kilometer lang und drei Kilometer breit. Rund um den Flugplatz, der an der Ostspitze der Insel liegt, befinden sich die interessantesten der 36 Tauchplätze, die hier offiziell verzeichnet werden. Zwei professionelle Tauchbasen stellen für den auf Besuch weilenden Taucher wohlorganisierte Tauchausflüge sicher. Da ist zum einen die Basis Peter Hughes Dive Tiara, die fünf Tauchboote besitzt, und zum anderen die etwas kleinere Basis Brac Aquatics mit drei Booten. Von beiden Basen fährt man zweimal täglich aus. Bei der morgendlichen Ausfahrt wird zweimal hintereinander getaucht, nachmittags erhält man nur eine Preßluftflasche zugeteilt. Die Tauchplätze dieser Insel lassen sich auch von Bord eines komfortablen Kreuzfahrtbootes aus erkunden. Das Boot »Little Cayman Diver« ist 21,50 Meter lang und kann sechzehn Gäste aufnehmen. Vom Schiff aus kann man unlimitiert tauchen und vor allem auch täglich einen Nachttauchgang unternehmen.

Die gesamte Westseite von Cayman Brac ist flach und bietet hübsche Strände, während der Osten mehr gewellt ist und Hügel und Klippen hat. Cayman Brac ist wesentlich weniger touristisch erschlossen als Grand Cayman und kann all jenen europäischen Tauchern empfohlen werden, die den Horden flossenbewehrter Touristen aus dem Weg gehen wollen, die jahrein, jahraus die Basen von Grand Cayman füllen.

Besonderheiten

Die ausgedehnten Riffe von Cayman Brac sind bei weitem noch nicht alle erforscht. In jedem Jahr werden von den örtlichen Tauchern neue Qualitäts-»Spots« erkundet. Getaucht wird meist in der Nachbarschaft des Flugplatzes. Airport Wall ist ein besonders berühmter Platz. Hier stürzt der Steilabfall ab 21 Meter Tiefe ins Bodenlose. Gleich daneben liegt mit End of the Island ein leichter Tauchplatz, wo man auf etwa 25 Meter Tiefe geht. Viele

3

4

2

Wir haben uns an der Klarheit des Wassers und der sehr gegliederten Form der Riffe erfreut. Viele von ihnen scheinen tief nach innen ausgehöhlt zu sein. Es bietet sich an, diese Einschnitte im lebenden Stein in aller Ruhe und Sorgfalt zu untersuchen, weil man dabei häufig auf eine seltsame Tierwelt stößt.

Am meisten entzückt waren wir über die zahlreichen Papageifische, die man in diesen Gewässern antrifft. Sie sind hier nicht so groß wie im Indischen Ozean, aber dafür variabler gefärbt. In der Karibik kennt man über ein Dutzend Arten. Am häufigsten haben wir den Ampel-Papageifisch (*Sparisoma viride*) angetroffen, bei dem der Dimorphismus sehr ausgeprägt ist. In der Erwachsenenform sind die Fische weiblich, und ihr Farbkleid ist hefefarben mit dicken, weißen Schuppen. Der Kopf dagegen ist blaßgrün. Die älteren Exemplare wandeln sich zum Männchen um. Sie schmucken sich jetzt mit auffallenden Farben, vorwiegend grün und türkis, mit eingestreuten gelben Farbmarken.

Unser Kommentar

Cayman Brac ist ein entzückendes Tauchziel, das alle die Taucher für sich entdecken sollten, die ruhige und fischreiche Riffe bevorzugen, an denen sie sicher sein können, keine zu beunruhigenden Erlebnisse zu haben.

andere Plätze sind noch flacher und reichen nur von 6 bis 15 Meter. Einige wie beispielsweise Radar Reef liegen weniger als hundertfünfzig Meter vom Strand entfernt. Sie sind also auch vom Ufer aus zu erreichen.

1 Die ersten Büsche der Schwarzen Korallen *(Antipatharia)* findet man ab 25 Meter Wassertiefe. Hier steht die Dörnchenkoralle mit Gorgonien der Gattung *Eunicea* zusammen.

2 Die Region von Negril, von zahlreichen Gebirgsbächen bewässert, prangt mit üppiger Vegetation.

3 Die Dörnchenkorallen, die man gewöhnlich Schwarze Korallen nennt, stehen den Gorgonien näher als den echten Korallen.

SANDS CLUB REEF

Begehrte Schwarze Korallen

SCHWIERIGKEITSGRAD	★ ★
QUALITÄT DER TAUCHPLÄTZE	★ ★
SONSTIGE SEHENSWÜRDIGKEITEN	★ ★ ★

Im tieferen Bereich eines fischreichen Riffes warten die Büsche der Schwarzen Koralle mit ihren verzweigten Ästen auf den Taucher. Diese Hornkoralle, halb Tier, halb Pflanze, ist eine Kuriosität der Natur und als Rohstoff für die Schmuckherstellung sehr beliebt ...

Praktische Tips

Die Gegend von Negril liegt im Westen Jamaikas und ist bei den Tauchern wegen des besonders ruhigen Wassers sehr beliebt. Die Gewässer hier werden vor allem auch die Schnorchler sehr schätzen. Die wichtigsten Tauchzentren sind Negril Scuba Center und Blue Whale Divers. Sie verfügen über sechs beziehungsweise acht Meter lange Boote und bieten täglich Ausfahrten mit zwei Flaschen an. Man kann sich außerdem auch dem Mariners Diving Resort anschließen, einem kleinen Hotel mit integrierter Tauchbasis.

Negril ist ein recht bedeutendes Touristenzentrum und berühmt für das örtliche Kunsthandwerk. Hier arbeiten zahlreiche Holzbildhauer, und es werden die unterschiedlichsten Andenkenwaren aus Muscheln hergestellt. Die Landschaft ist von hübschen Tälern durchzogen, in denen eine üppige tropische Vegetation wuchert. Negril hat sich bisher ein wenig seine Ursprünglichkeit als kleines Fischerdorf bewahrt. Man kann dort hier und da noch sehr hübsche, charakteristische Häuser mit bunt bemalten Balkonen entdecken.

Besonderheiten

Sands Club Reef gehört zu den besten Tauchplätzen Negrils. Es ist recht fischreich und erhält seinen Charakter durch sehr große Korallenblöcke. Ab 25 Meter Tiefe dringt man in das Reich der Schwarzen Koralle ein. Sie wird auch Dörnchenkoralle genannt und ähnelt täuschend einem Busch mit vielen, feinen Zweigen. Die meisten Arten aus der Ordnung *Antipatharia*, zu denen die verschiedenen Arten der Schwarzen Korallen gehören, leben in größerer Tiefe. Um die schönsten Stöcke zu finden, muß man mindestens 40 Meter tief gehen. Der Stock wird von Polypen gebildet, die je nach Art 6 bis 24 Tentakel aufweisen. Diese scheiden ein externes, horniges Skelett aus, das schwarz oder tiefbraun ist. Die Tierkolonie setzt sich auf dem Korallenfels oder auch direkt im Sand fest. Wir haben Stöcke sehen können, die über zwei Meter hoch waren, was ganz außergewöhnlich ist.

Die Schwarze Koralle wird von der Schmuckindustrie immer mehr gefragt. In bestimmten Gebieten ist sie wegen übermäßiger Ausbeutung beinahe schon völlig verschwunden. Das Verbreitungsgebiet der Schwarzen Koralle ist nicht auf die Karibik beschränkt. Eine Reihe von Arten ist weltweit vertreten, und man findet ihre Stöcke auch im Roten Meer oder im Indischen Ozean.

Unser Kommentar

Negril entwickelt sich gerade zu einem auf Jamaika sehr renommierten Badeort. Auch das Tauchen ist in starker Aufwärtsentwicklung, aber man hat noch nicht den Eindruck einer Tauchindustrie. Das wird jenem Besucher gefallen, der ruhige und fischreiche Tauchgewässer sucht.

1 Der Eberfisch *(Lach-nolaimus maximus)* färbt sich rot, wenn er sich bedroht fühlt oder in Erregung gerät.

2 Die Riffe von Montego Bay sind reich an Wirbellosen, insbesondere an Schwämmen.

3 In der Großaufnahme des Kopfes kann man gut die »Schweineschnauze« des Eberfisches erkennen.

4 Der Eberfisch ist recht scheu und deshalb schwierig zu fotografieren.

MONTEGO BAY
Die Possen des Eberfisches

SCHWIERIGKEITSGRAD	★★
QUALITÄT DER TAUCHPLÄTZE	★★
SONSTIGE SEHENSWÜRDIGKEITEN	★★★

In den herrlichen Korallengärten, die an die Traumstrände angrenzen, trifft der Taucher häufig auf die Eberfische, deren verlängerte ersten drei Rückenflossenstrahlen sehr charakteristisch sind. Dies ist ein wenig scheuer und neugieriger Tauchbegleiter . . .

Praktische Tips

Jamaika ist von der Fläche her die drittgrößte karibische Insel. Der Besucher findet ein botanisches Paradies mit einer dichten Vegetation vor, ein Land mit verschwenderischer Natur, überragt von einem großen Primär-Regenwald. Die Nordküste mit ihren riesigen Stränden ist ein Ferienparadies. Zwischen Montego Bay und Ocho Rios erstreckt sich ein über einhundert Kilometer langes Barriereriff. Montego Bay verdankt seinen internationalen Ruf einem Golfplatz der Extraklasse. Es ist auch eine der Hochburgen für den Wassersport und das Tauchen. Die Stadt eignet sich daneben ideal zum Shopping. Als Spezialität findet man Stick- und Korbwaren, die ohne vorgegebene Muster allein nach der Eingebung des Augenblicks angefertigt werden.
In Montego Bay bieten mehrere professionelle Tauchzentren ihre Dienste an. Das größte ist Poseidon Nemrod Divers, das mit dem Chalet Caribe Hotel zehn Kilometer westlich der Stadt zusam-

menarbeitet. Die Basis Seaworld Resorts liegt nur fünf Minuten vom Flughafen entfernt und ist an das Hotel Cariblue Beach angeschlossen. Auch die Basis Caribbean Amusement Company im Hotel Trelawny Beach könnte man in Betracht ziehen. Dieses Hotel liegt in Falmouth auf halbem Weg zwischen Montego Beach und Ocho Rios.

Besonderheiten

In den Gewässern um Montego Bay herum zählt man Dutzende von Tauchplätzen. Zahlreiche von ihnen sind vom Strand aus zu erreichen. Die Riffe beginnen häufig nur zwanzig Meter von der Küste entfernt. In vielen Fällen muß man sich nur wenig mehr als hundert Meter vom Ufer entfernen, um an interessante Steilabfälle zu gelangen, die von Korallenhöhlen durchbrochen sind. Die Unterwasserlandschaften sind herrlich: Es gibt reiche Vorkommen von Schwämmen und Gorgonien, und man hat ganz den Eindruck, in einen außerordentlich schönen Garten einzudringen. Die meisten Tauchgänge werden allerdings vom Boot aus unternommen, damit man zur Außenseite des Riffs gelangt, die noch viel reicher bestanden ist.

In diesen Gewässern haben wir sehr zahlreiche Eberfische *(Lachnolaimus maximus)* angetroffen. Diesen großwüchsigen Lippfisch, den man hier wie im Englischen »Hogfish« (Schweinsfisch) nennt, erkennt man unschwer an den verlängerten ersten drei Rückenflossenstrahlen, die er bei Erregung aufstellt. Die Fische, die durchschnittlich etwa vierzig Zentimeter lang sind, trifft man in mittleren Tiefen von etwa 25 Meter. Sie leben gewöhnlich allein und können ihre Färbung vom perlmuttartigen Weiß bis zum rötlichen Braun variieren. Wenn der Fisch Angst hat oder seine schlechte Laune demonstrieren will, wechselt er in ein lebhaftes Rot über. Der Eberfisch ernährt sich von Kleinstlebewesen, die er mit den Lippenspitzen aufnimmt, indem er im Sandgrund wühlt. Wenn die Tiere älter werden, entwickeln sie eine etwas vorstehende Schnauze ähnlich einer Schweineschnauze, woher diese Art auch ihren Namen erhalten hat.

Unser Kommentar

Jamaika bezaubert mit seinen Landschaften, seiner freundschaftlichen Atmosphäre und seinen Festivals. Der Tauchsport stellt dort eine recht junge Aktivität dar. Die meisten der Riffe sind noch weitgehend unbetaucht, was ihren Reichtum erklärt.
Nicht versäumen sollte man einen Besuch im Rockland Vogelschutzgebiet wenige Kilometer westlich von Montego Bay. Dort hat man über 250 verschiedene Arten von Vögeln aufgelistet, und manche sind mit den Menschen so vertraut, daß sie ihnen aus der Hand fressen. Ein unvergeßliches Erlebnis!

2   3

4

1

1 Auf einer Tiefe von etwa 10 Meter dringt die Sonne noch kräftig durch und durchflutet das Riff mit ihrem Licht.

2 Vorsicht vor den Feuerkorallen *(Millepora alcicornis)*! Der geringste Kontakt kann zu Nesselungen führen, die Schmerzen wie bei einer Verbrennung hervorrufen.

3 Die Geweihkoralle *(Acropora cervicornis)* gehört zu den am schnellsten wachsenden Korallenarten, ist allerdings auch sehr zerbrechlich.

4 Die Tauchgründe von Ocho Rios bieten wunderschöne Geweihkorallen-Landschaften.

PARADISE REEF
Lagune des Lächelns

SCHWIERIGKEITSGRAD	★
QUALITÄT DER TAUCHPLÄTZE	★★
SONSTIGE SEHENSWÜRDIGKEITEN	★★★

In diesen flachen Tauchgründen mit ihrem kristallklaren Wasser sind die elchgeweihartigen Korallenformationen bunt auf dem Sandgrund verstreut. Das ist eine gute Gelegenheit, um die Anfänger mit den Freuden des Tauchens vertraut zu machen ...

Praktische Tips

Reist man aus Europa an, muß man fast immer über Miami anfliegen, um Kingston, die Hauptstadt Jamaikas, zu erreichen. Zu den wichtigsten Inseln der Karibik bestehen weitere Flugverbindungen. Jamaika ist ein souveräner Staat innerhalb des Commonwealth und die drittgrößte Insel der Großen Antillen. Die Insel ist 250 Kilometer lang und 85 Kilometer breit, recht gebirgig und mit spektakulären Landschaften und üppiger Vegetation gesegnet. Südlich von Kuba gelegen, genießt Jamaika ein sehr günstiges Klima und ist von wunderbaren Gewässern umgeben. Die mittlere Temperatur der Luft und des Wassers beträgt etwa 20°C. Man sollte die Regenzeit zwischen Juni und Dezember meiden, weil dann die heftigen Wellen die Riffe eintrüben. In dieser Periode treten auch häufig verwüstende Wirbelstürme auf.
Die Haupteinnahmequelle Jamaikas ist das Bauxit, und darauf folgt direkt der in stürmischer Entwick-

2 Tauchen kann man auch am Paradise Reef, das berühmt ist als Wohnort einer der größten Grünen Muränen der Karibik. Wer größere Tauchtiefen bevorzugt, kann sich zum Devil's Reef begeben, wo ein weit ausgebreitetes Plateau sich von 20 Meter sachte auf 60 Meter Tiefe absenkt. Hier ist der Platz, um auf Haie, Thunfische, Makrelen, Adlerrochen und andere Großfische des offenen Meeres zu stoßen. Zu den von den ortsansässigen Tauchern am meisten betauchten Plätzen gehört The Mountain. Dieser große Korallenkegel erhebt sich aus 18 Meter Tiefe. Er ist wie ein Garten mit vielfarbigen Schwämmen und Gorgonien geschmückt.

Unser Kommentar

Die Region von Ocho Rios ist gekennzeichnet von Tauchplätzen, die sehr leicht erreichbar und recht abwechslungsreich sind. Sie gehört nicht zu den besten Tauchregionen Jamaikas, zeichnet sich aber über Wasser durch ihre unberührten Landschaften und spektakulären Wasserfälle aus. Man sollte keinesfalls versäumen, den Dunn's River Fall zu besichtigen, eine Kaskade einzelner Wasserfälle, an denen man zu Fuß hinuntersteigen kann bis zu einem zauberhaften Strand. Dieser Ausflug gehört zu den typischen Freizeitvergnügungen hier.

lung befindliche Tourismus. Die Tauchplätze erfreuen sich bis dato keines besonderen Rufes, dennoch konnten sich in oder um die Hotelkomplexe herum zahlreiche Tauchzentren entwickeln. Im Hotel Boscobel Beach findet man die Basis Fantasea Divers. Sie gehört zu den größten in Ocho Rios. Im übrigen kann man hier auch mit Sea and Dive Jamaica, einem der ältesten Zentren des Landes, tauchen.

Besonderheiten

Alle Tauchplätze, die von Ocho Rios aus erreichbar sind, liegen mindestens eine Meile vom Strand entfernt. Die meisten sind recht flach und erreichen maximal 20 Meter Tiefe. Trotzdem ist Laughing Waters Lagoon (die Lagune des lächelnden Wassers) ein schätzenswerter Tauchplatz. Hier wuchern große Korallenstöcke auf Sandgrund von weniger als 10 Meter Tiefe. Zahlreiche Elchgeweihkorallen (*Acropora palmata*) verleihen dem Riff spektakuläre Aspekte. Häufig trifft man auf dem Sandgrund Stachelrochen an. Auch die Sanddollar genannten Seeigel findet man im Überfluß. Diese Tauchgründe sind besonders für die Einführung von Anfängern sowie für das Heranführen der Kinder an das Tauchen geeignet.

1 Ganz anders als im Indischen Ozean, wo die Sergeantfische (*Abudefduf saxatilis*) in großen Schwärmen zusammenleben, stehen diese Fische hier in den Gewässern von San Juan überwiegend alleine.

2 Bei der Erkundung des Riffs stößt man auf schöne Formen von Korallen und Schwämmen. Hier eine Federgorgonie der Gattung *Pseudopterogorgia*.

3 Das quergebänderte Kleid der Sergeantfische ist auch durch die Korallen hindurch leicht zu erkennen.

SAN JUAN

Ein Garten Eden für Sergeanten

SCHWIERIGKEITSGRAD	★★
QUALITÄT DER TAUCHPLÄTZE	★★★
SONSTIGE SEHENSWÜRDIGKEITEN	★★★

In köstlichen Tauchgründen, die für Taucher aller Ausbildungsstufen geeignet sind, erstreckt sich ein Korallenparadies seltenen Reichtums bis ins Unendliche. Hier patrouillieren die Sergeantfische, unverwechselbar in ihrem gestreiften Badekostüm . . .

Praktische Tips

Puerto Rico, diese herrliche Insel der Großen Antillen, hat eine charakteristische Rechteckform. Sie liegt östlich der Dominikanischen Republik und wurde 1493 von Christoph Kolumbus entdeckt, der sie auf den Namen San Juan Bautista taufte. Der Name Puerto Rico tauchte erst 1508 auf und bezeichnete damals eine Bucht der Insel. Bis 1897 war Puerto Rico spanisch.

Ein Jahr lang erfreute sich die Insel einer gewissen Unabhängigkeit, bevor sie von den Amerikanern annektiert wurde. Seit 1952 bezeichnet die Verfassung Puerto Rico als »mit den USA assoziierter Freistaat«.

Eine tropische, von Tälern durchzogene Landschaft charakterisiert diese Insel, deren Wirtschaft vorwiegend agrarisch ist. In den Küstenebenen liegen wichtige Zuckerrohrplantagen. Die Gebirgskette im Inneren, Cordillera Central genannt, ist mit üppiger Vegetation sowie Bananenplantagen bedeckt.

Die Hauptstadt San Juan liegt im Norden der Insel am Meer. Hier konzentrieren sich die wichtigsten Tauchzentren. Die Basis Caribe Aquatic Adventures liegt auf dem Gelände des Hilton Hotels. Sie bietet täglich vier Ausfahrten an auf Booten, die maximal zehn Taucher aufnehmen. Im Hotel La Concha liegt die Caribbean School of Aquatic. Sie verfügt über drei Boote.

Besonderheiten

Der Tauchtourismus hat auf Puerto Rico erst vor weniger als zehn Jahren begonnen. Das garantiert die Qualität der Tauchplätze, denn die meisten von ihnen sind noch wenig betaucht worden. Es ist möglich, direkt vor dem Caribe Hilton ins Wasser zu gehen, denn das Riff beginnt wenige Meter vom Strand entfernt. Das Innenriff, das durch eine ununterbrochene Barriere völlig vom offenen Meer abgeschlossen ist, ist für Tauchanfänger einer der am leichtesten zugänglichen Tauchplätze. Die zahlreichen Fische sind sehr zutraulich. Allerdings haben sie es sich angewöhnt, aus der Hand gefüttert zu werden. Die aufregenderen Tauchgänge werden natürlich am Außenriff unternommen, wo man eine große Zahl von Grotten und Canyons findet. Die Tauchplätze sind durchschnittlich 25 Meter tief. Das Wasser ist – vor allem in der trockenen Periode von Februar bis Mai – außerordentlich klar. Wir waren vom Reichtum dieser typisch karibischen Riffe mit ihren riesigen Federgorgonien *(Pseudopterogorgia)*, die hier wie große Büsche stehen, verzaubert. Häufig trifft man in diesen Gewässern auf den possierlichen Sergeantfisch *(Abudefduf saxatilis)*. Er scheint in seinem gestreiften Kleid im Riff Wache zu schieben und zeigt sich dem Taucher gegenüber freundschaftlich und neugierig zugleich. Es handelt sich um dieselbe Art, die man im Indischen Ozean in großen Schwärmen stehen sieht. Hier hingegen lebt dieser Fisch erstaunlicherweise grundsätzlich solitär.

Unser Kommentar

Vor San Juan kann man unter sehr angenehmen Umständen entspannte Tauchgänge unternehmen und hat überwiegend den Eindruck, durchaus noch unberührte Tauchplätze zu erkunden. Die flacher gelegenen Riffe werden durch die in dieser Region häufigen Wirbelstürme regelmäßig verwüstet. Aber ab 20 Meter Tiefe dringt man in ein wahres Korallenparadies vor, das zu bewundern man nicht müde wird.

1

1 An den Inseln vor Fajardo hat man gute Chancen, den Adlerrochen *(Aetobatis narinari)* zu begegnen. Diese wunderschönen Fische scheinen im Wasser förmlich zu fliegen.

2 Auf Cayo Santiago, der »Affeninsel«, trifft man auf zahlreiche Rhesusaffen.

3 Ein Adlerrochen, der sich majestätisch entfernt, im Gegenlicht fotografiert.

FAJARDO

Vorbeiflug der Adlerrochen

SCHWIERIGKEITSGRAD	★★★
QUALITÄT DER TAUCHPLÄTZE	★★★
SONSTIGE SEHENSWÜRDIGKEITEN	★★

Unweit der Palominos-Inseln sorgen Sandgründe und Strömungen dafür, daß sehr häufig pelagische Großfische vorbeiziehen. Die Adlerrochen mit ihrem gefleckten Rücken fliegen majestätisch dahin und versetzen den Taucher durch ihre Eleganz in Erstaunen ...

Praktische Tips

Die kleine Stadt Fajardo liegt an der Ostküste von Puerto Rico. Sie zeichnet sich durch sehr schöne, noch wenig belebte Strände aus. Davor liegen nicht sehr tiefe Riffe, die auch von Anfängern schnorchelnd erkundet werden können. Die erfahrenen Taucher fahren morgens Richtung Palominos-Inseln oder zur Insel Icacos aus, die etwa zehn Meilen entfernt im offenen Meer liegen. Diese winzigen, unbewohnten Inseln, mit Mangroven und Kokosbäumen bestanden, sind von herrlichen Riffen umgeben. Das Wasser ist außerordentlich klar, und die Unterwassersicht kann 40 Meter übersteigen.

Mundo Submarino in San Juan ist eine der bestgeeigneten Tauchbasen, die Ausflüge zur Ostküste organisiert. Dieses Tauchzentrum verfügt über ein Boot, das fünfunddreißig Passagiere aufnehmen kann. Am Ort selbst kann man sich auch an den Carlos Dive Shop wenden, der am Bootshafen von Puerto Chino nahe bei Fajardo liegt. Sein Besitzer,

2

Carlos Florez, taucht in diesem Gebiet schon seit über dreißig Jahren.

Mit Sicherheit sind die Tauchgebiete von Puerto Rico zum größten Teil noch unerforscht. Das macht viel von ihrem Reiz aus. Auch das Tauchgeschäft ist hier noch nicht sehr hoch entwickelt. Aber durch die Mundpropaganda könnte Puerto Rico schon in den nächsten Jahren zu einem der großen Tauchziele werden.

Besonderheiten

Die vielen Wasserläufe, die sich von dieser Insel ins Meer ergießen, ziehen eine große Zahl von Fischen an – darunter auch zahlreiche pelagische Arten, die man sonst nicht so nahe an der Küste antrifft. Aber wegen der überreichlichen Regengüsse, die man in diesem Teil der Karibik kennt, sorgen die nahen Strände häufig auch für eine beträchtliche Eintrübung des Wassers.

Bei den vorgelagerten Inseln tritt dieses Problem nicht auf, und wir haben bei jedem Tauchgang Adlerrochen *(Aetobatis narinari)* beobachten können. Diese großen Knorpelfische können eine Flügelspannweite von zwei Meter aufweisen. Sie sind unverkennbar mit ihrer dunkel gefärbten, mit weißen Flecken übersäten Oberseite und der weißen Bauchseite. Auch die Form des Kopfes ist charakteristisch mit der verlängerten, am Ende zu-

gespitzten Schnauze. Der sehr lange Schwanz, der wie eine Peitsche hinterhergezogen wird, trägt an seiner Basis einen bis fünf Giftstachel. Am häufigsten sieht man diese Tiere alleine oder paarweise. Versammlungen in Schulen von zehn bis zwanzig Exemplaren sind eher die Ausnahme. Gleichwohl haben wir das Glück gehabt, auch dieses zu beobachten. Es ist ein herrliches Schauspiel, wenn diese graziösen Fische in absoluter Schwerelosigkeit gleichsam an einem vorbeizufliegen scheinen. Leider sind die Adlerrochen sehr scheu, und deshalb ist es schwierig, sich ihnen auf weniger als zwei oder drei Meter Distanz zu nähern.

Unser Kommentar

Wenn man so großen, graziösen Fischen wie den Adlerrochen begegnet, ist dies immer ein aufregendes Ereignis. Wer noch mehr Glück hat, kann hier in den Wintermonaten den Zug der Bartenwale beobachten.

Man sollte anläßlich seines Aufenthalts auch nicht versäumen, eine kleine, eintägige Kreuzfahrt nach Cayo Santiago zu unternehmen, die Insel der Affen. Dieser abgelegene Platz ist ein Reservat für achthundert Rhesusäffchen. An ihnen werden seit zahlreichen Jahren wissenschaftliche Studien vorgenommen, und sie zeigen sich deshalb dem Menschen gegenüber sehr zutraulich...

3

1 Die bemerkenswerten Bohrschwämme *(Siphonodictyon coralliphagum)* beleben mit ihren Farbkontrasten das Riff.

2 Das Riff von Culebra prangt mit vielfarbigen und sehr komplexen Formationen.

3 Grunzer sind in diesem Riff nicht selten. Hier lebt ein Alttier solitär an einem Venusfächer *(Gorgonia ventalina)*.

CULEBRA
Das magische Riff

SCHWIERIGKEITSGRAD	★ ★
QUALITÄT DER TAUCHPLÄTZE	★ ★ ★
SONSTIGE SEHENSWÜRDIGKEITEN	★ ★

Vor dem Hintergrund einer menschenverlassenen, als Naturschutzgebiet behüteten Insel warten herrliche, sehr farbenprächtige Korallenformationen auf den Taucher. Hier kann man eine bezaubernde Welt entdecken in Gewässern, die klar wie ein Kristall sind ...

Praktische Tips

Die kleine Insel Culebra liegt ungefähr 20 Meilen nordöstlich von Puerto Rico, etwa auf halbem Weg zur Insel St. Thomas, die bereits zur Inselgruppe der amerikanischen Jungferninseln gehört. Culebra ist international noch kaum bekannt. Es gibt aber regelmäßige Fährverbindungen mit San Juan und Fajardo. Man kann die Insel auch mit kleinen Charterflugzeugen erreichen.

Die wilde Landschaft und die prächtigen Strände bescheren Culebra heute einen wachsenden touristischen Erfolg. Das Tauchen ist die Hauptbeschäftigung auf dieser Insel, ansonsten steht das Dolcefarniente im Vordergrund. Das Tauchzentrum Culebra Underwater Association bietet für maximal zwanzig Taucher einen Komplettservice an. Aufgepaßt: Mittwochs ist geschlossen!

Ähnliche Tauchgründe findet man auch bei der Insel Vieques, der größten Nebeninsel um Puerto Rico herum. Da sie der Nationalmarine unterstellt ist, dient sie häufig als Biwakinsel für die amerikanische Militärbasis Roosevelt Roads. Dennoch ist es privaten Booten erlaubt, an der Westküste der Insel zu ankern. Es ist sogar möglich, an Land zu gehen und die Verlassenheit dieses Platzes zu genießen. Das Zelten ist jeweils für eine Nacht erlaubt.

Besonderheiten

Rund um Culebra gibt es zahlreiche Tauchplätze. Zu den berühmtesten zählt »Flamenco Wall«, ein von Höhlen durchzogener Korallen-Steilabfall, der zu einem Sandgrund auf 30 Meter Tiefe abfällt. Die Korallenformationen sind von seltener Reichhaltigkeit und vereinigen in sich zahlreiche Arten von Weich- und Hartkorallen. Häufig sind sie von Kalkschwämmen ausgehöhlt, die sich von ihnen ernähren *(Siphonodictyon coralliphagum)*. Die Röhren dieser lebhaft gelbgefärbten Schwämme durchlöchern die Steinkorallen und besonders häufig die Feuerkorallen. Von außen betrachtet wird man der schweren Schäden gar nicht gewahr, die dieser Schwamm den Korallen zufügt. Nach einigen Jahren aber hat der Schwamm seinen Gastgeber von innen vollständig aufgezehrt.

Alle Riffe, die die Insel Culebra umgeben, sind von spektakulärer Schönheit. Der nordwestliche Teil, der Impact Area genannt wird, ist wegen der Gesundheit seiner Korallen bemerkenswert. Hier wimmelt es von Leben, und man trifft auf viele Schwärme kleiner Fische, namentlich der kleinen Riff-

barsche. Die Tiefe erreicht im Mittel nur 12 bis 15 Meter, und hier finden diejenigen Unterwasserfotografen ihr Paradies, die mit Umgebungslicht fotografieren möchten. Auch wenn man sich weiter von der Küste entfernt, bleibt das Wasser sehr ruhig, und es treten praktisch keine Strömungen auf. Im Gegensatz dazu sind die Tauchplätze bei den zum offenen Meer hin gelegenen, vorgelagerten Inselchen häufig stärkerer Wasserbewegung ausgesetzt. Aber hier hat man dafür die Gelegenheit, auf große Makrelenschwärme zu stoßen.

Unser Kommentar

Culebra ist ein zauberhafter Ort, der vor allem den Liebhabern der ursprünglichen und ruhigen Natur gefallen wird. Die 23 kleinen Inselchen rund herum ebenso wie Culebra werden seit 1909 als Nationalpark betrachtet, in dem die Tierwelt geschützt wird. So erklärt sich die große Zahl von Meeresvögeln, die man hier beobachten kann.

1

1 Der Eichhörnchen-
fisch *(Holocentrus
adscensionis)* bevorzugt
als nachtaktiver Fisch
die abgeschatteten Par-
tien des Riffs.

2 Die Soldatenfische
(Myripristis jacobus),
die häufig mit den Eich-
hörnchenfischen ver-
wechselt werden, be-
wegen sich im Schwarm
in alle Richtungen.

3 Das Farbkleid des
Eichhörnchenfisches ist
von einem leuchtenden
Rot, das im Kontrast zur
Farbe der Korallen
steht.

4 Die großäugigen Sol-
datenfische versam-
meln sich vorzugsweise
an Höhleneingängen
und unter Überhängen.

SAINT CROIX

Eichhörnchenfische in Aufregung

SCHWIERIGKEITSGRAD	★ ★
QUALITÄT DER TAUCHPLÄTZE	★ ★
SONSTIGE SEHENSWÜRDIGKEITEN	★ ★

*In den vielbesuchten Gewässern
rings um die Insel St. Croix
stößt man auf große Schwärme von
Eichhörnchenfischen in ihrem roten
Farbkleid. Sie sind neugierig und
wenig scheu. Mit ihren großen,
wie erstaunt aufgerissenen Augen
beobachten sie aufmerksam
den Taucher . . .*

Praktische Tips

Mit 37 Kilometer Länge ist St. Croix die größte unter
den amerikanischen Jungferninseln. Die Virgin
Islands gehören zwar bereits zu den Kleinen Antillen, stellen aber geologisch die östliche Fortsetzung der Großen Antillen dar.
1917 kauften die Vereinigten Staaten aus strate-
gischen Gründen die größeren westlich gelegenen
Inseln der Inselgruppe – St. Croix, St. Thomas und
St. John – für 25 Millionen Dollar von Dänemark, um
von hier aus den Panamakanal verteidigen zu können. Heute werden diese Inseln als an die USA
angegliedertes Territorium betrachtet. Die Insel-
bewohner besitzen die amerikanische Staats-
angehörigkeit, nicht aber das Wahlrecht bei den
Bundeswahlen.
St. Croix ist eine wunderschöne, tropische Insel
und verfügt über zahlreiche Tauchbasen. Die be-
deutendsten sind die Basen Peter Hughes Diving,
Caribbean Sea Adventures, Cruzan Divers Inc.,

Diver Experience, Sea Shadows und Virgin Islands Divers. Überall wird nach amerikanischer Manier mit zwei Preßluftflaschen ausgefahren. Alle diese Tauchzentren liegen nahe bei den beiden wichtigsten Städten der Insel: Christiansted und Frederiksted.

Besonderheiten

Die Mehrzahl der interessanten Tauchplätze liegt im Norden der Insel. Sie verteilen sich entlang eines großen Barriereriffs, das senkrecht bis in 600 Meter Tiefe abfällt. Einige der Plätze beginnen nur 150 Meter vom Strand entfernt. Für Anfänger am leichtesten zu erreichen ist der Tauchplatz Frederiksted Pier. Rund um die Stützpfeiler des Anlegesteges findet man prächtige Krustenschwämme. Wenn man aufmerksam den Bewuchs und die Versteinc rungen studiert, stößt man mit Sicherheit auch auf Seepferdchen.

Alle Tauchplätze am großen Riff wie beispielsweise North Star Wall, Cane Bay Garden, River Canyon und so weiter zeichnen sich durch große Mengen an

2

Eichhörnchen-, Husaren- und Soldatenfischen aus, die allesamt als nachtaktive Fische über große Augen verfügen. Diese Fische mit ihren schönen, roten oder orangenen Farbkleidern leben oft in großen Schulen zusammen, wobei sich die verschiedenen Arten untereinander mischen. Der Name Eichhörnchenfisch bezieht sich auf seine rote Farbe, die an die Färbung der nordamerikanischen Eichhörnchen erinnert. Die Eichhörnchenfische ziehen schattige Standorte vor, sie verbergen sich im Eingang von Höhlen oder unter felsigen Überhängen. Die gewöhnlichste Art ist der Eichhörnchenfisch *(Holocentrus adscensionis)*. Dieser zwanzig bis dreißig Zentimeter lange Fisch ist an den weißen Längsstreifen an den Körperseiten zu identifizieren. Insoweit unterscheidet er sich

vom Langstachligen Husarenfisch *(Holocentrus rufus)*, dessen Bauchseite unterhalb der Schnauze weiß gefärbt ist. Außerdem trägt dieser Husarenfisch auch eine langgezogene Afterflosse. Häufig verwechselt mit den Eichhörnchenfischen werden die großäugigen Soldatenfische der Gattung *Myripristis*. Ihr Farbkleid ist von einem lebhaften Rot oder Silber mit roten Reflexen. Ein gutes Unterscheidungsmerkmal ist der schwarze Strich, der quer über ihre Kiemen verläuft.

Unser Kommentar

Die Tauchplätze von St. Croix sind typisch für die Karibik und weisen Steilabfälle auf, die mit Fächerkorallen und großen Schwämmen bestanden sind. Weil man hier über sehr großen Wassertiefen taucht, kann man auch das flüchtige Vorbeiziehen von großen Riffhaien und sogar von Hammerhaien beobachten. Da die amerikanischen Jungferninseln ein sehr beliebtes Urlaubsziel darstellen, sollte man die Hauptferienzeiten meiden, in denen sie wirklich überlaufen sind.

3

4

1 Sehr seltsam sieht der Gepunktete Igelfisch *(Diodon hystrix)* mit seinen großen Kugelaugen und seinem Vogelschnabel aus.

2 Wenn er aufgeblasen ist, ist der Körper des Igelfisches übersät mit langen, spitzen Stacheln.

3 In den Gewässern von St. Thomas finden die Boote traumhafte Ankerplätze.

4 Indem er große Mengen Wasser schluckt, kann der Igelfisch sich wie ein Ballon aufblähen. Auf diese Weise ist er für seine Verfolger schwer zu erbeuten.

SAINT THOMAS
Die Champions der Igelfische

SCHWIERIGKEITSGRAD	★ ★
QUALITÄT DER TAUCHPLÄTZE	★ ★
SONSTIGE SEHENSWÜRDIGKEITEN	★ ★ ★

In diesen von den Tauchern vielbesuchten Gewässern blasen sich die Igelfische ähnlich wie die Kugelfische auf, sobald man sie ein wenig belästigt. Dies ist die Gelegenheit, eine der erstaunlichsten Verhaltensweisen in der Fischwelt zu entdecken ...

Praktische Tips

St. Thomas ist die Hauptinsel der amerikanischen Jungferninseln. Die Insel hat tägliche Flugverbindungen mit New York und Miami. Auch nach San Juan auf Puerto Rico gehen häufige Flüge. Von Charlotte Amalie aus, der Hauptstadt, gehen Fährboote zu den anderen amerikanischen und auch zu den britischen Jungferninseln. Abenteuerlustige können auch den Trip mit dem Wasserflugzeug wagen, das ebenfalls die wichtigsten Jungferninseln anfliegt. Die Einreisebedingungen auf St. Thomas sind dieselben wie für die Vereinigten Staaten, und das offizielle Zahlungsmittel ist der amerikanische Dollar. Man spricht generell englisch und spanisch. Die einzige Besonderheit hier ist der Linksverkehr! St. Thomas ist berühmt für seine exzellenten Restaurants sowie für die Boutiquen mit interessanten Preisen. Dies ist zwar kein Freihafen, aber die meisten Produkte sind nur mit einer niedrigen Steuer belastet. Viele Hotels bieten günstige Pauschalen für Unterbringung und Tauchen an. Wir führen hier die wichtigsten auf: Bolongo Bay Beach and Tennis Club, Carib Beach Hotel, Frenchman's Reef Beach Resort, Ramada Yacht Haven Hotel, Sapphire Beach Resort und Wyndham Virgin Grand Beach Hotel. Von St. Thomas aus kann man auch auf sehr gut ausgestatteten Kreuzfahrtbooten zu Touren aufbrechen. Eine der renommiertesten Chartergesellschaften für solche Segelboote ist V.I. Scuba Sail Charters.

Besonderheiten

Das Tauchen rund um St. Thomas befindet sich in gewaltiger Aufwärtsentwicklung, wobei die Gäste meist Amerikaner sind. Es gibt zahlreiche und sehr unterschiedliche Tauchplätze. Uns hat besonders gut Flat Cay gefallen, ein kleines, reich mit Elchgeweihkorallen *(Acropora palmata)* bestandenes Riff, bei dem die Tauchtiefe nur 12 Meter beträgt. Die besten Tauchplätze liegen aber um die St. Thomas vorgelagerten Inseln herum. Andre's Reef vor Little Buck Island oder das nahe gelegene Capella Island sind das Königreich der Igelfische. Diese seltsam gestalteten Tiere bewegen sich langsam zwischen den Korallen und versuchen, nicht ins Auge zu fallen. Man erkennt sie leicht an ihren großen, kugelrunden Augen und an dem mit Stacheln besetzten Körper. Sobald man sie belästigt und sie keinen Fluchtweg sehen, verschlucken sie große Wassermengen und blähen ihren Körper auf. Dabei stellen sich die Stacheln auf. Das Tier ist nun so groß, daß ein Freßfeind es nicht mehr verschlucken kann. Diese Igelfische sind keine Spezialität der Karibik, sondern man findet dieselben Arten in allen tropischen Meeren und sogar in den warmen Zonen des Mittelmeeres. Sie ernähren sich von Krabben, Einsiedlerkrebsen und Langusten, die sie mit ihrem kräftigen, aus ungeteilten Zahnplatten bestehen-

den Gebiß zermalmen können. Entsprechend ihrem scheuen Wesen zeigen sie dem Taucher gegenüber keine Aggressivität. Zwei Arten von Igelfischen trifft man hier vor St. Thomas häufig: *Diodon hystrix* und *Diodon holocanthus.* Letzterer ist gekennzeichnet durch tiefdunkelbraune Flecken quer über die Augenpartie und das Fehlen von Punkten auf den Flossen.

Unser Kommentar

Uns hat die Leichtigkeit des Lebens auf St. Thomas gefallen, wo man amerikanischen Komfort zu verbinden weiß mit der typisch karibischen Nonchalance. Hier kann man in aller Ruhe Familienurlaub verbringen und dabei tauchen.
Naturliebhaber seien auf die Zutraulichkeit der Leguane am Limetree Beach hingewiesen: Sie holen sich hier ihre Frucht direkt aus der Hand des Menschen!

1 Die »Rhône« ist eines der berühmtesten Wracks in der Karibik. Sie liegt kopfüber und ist reich mit Leben besetzt.

2 Die Britischen Jungferninseln sind ein ideales Segelrevier.

3 Häufig wird die »Rhône« von imposanten Barrakudas besucht.

4 Unter dem Scheinwerferlicht strahlen die Farben der Schwämme, die sich auf dem Wrack angesiedelt haben.

5 Der Schiffskörper ist entzweigebrochen. Die hintere Partie ruht auf Sandgrund in 25 Meter Tiefe.

SALT ISLAND
Gedenkstätte unter Wasser

SCHWIERIGKEITSGRAD	★★
QUALITÄT DER TAUCHPLÄTZE	★★★
SONSTIGE SEHENSWÜRDIGKEITEN	★★

Das Wrack der »Rhône« gehört zu den berühmtesten in der Karibik überhaupt, und seit einigen Jahren gilt es auch als Nationaldenkmal. Das Schiff ist gleichzeitig Unterwassermuseum und Unterwassergedenkstätte. Es bewahrt das Andenken an eine Tragödie, die sich im 19. Jahrhundert ereignet hat und den Tauchgang zu einem bewegenden Ereignis macht ...

Praktische Tips

Die Jungferninseln, die von Christoph Kolumbus entdeckt wurden, verdanken ihren Namen der regelmäßigen Anordnung der Inseln, die an einen Rosenkranz erinnert und somit an die Prozession der elftausend Jungfrauen aus der Legende.

Drei der Inseln sind amerikanisch (St. Croix, St. Thomas und St. John), alle anderen eine britische Kolonie. Diese Inselgruppe ist wenig besiedelt, und die Haupteinnahmequelle der Bevölkerung stellt der Tourismus dar. Das Tauchen ist hier hoch entwickelt, und zahlreiche Kreuzfahrtboote sind zwischen den kleinen, unbewohnten Inseln mit ihren paradiesischen Stränden unterwegs – ein Traum für jeden Karibik-Urlauber!

Bei verschiedenen, auf das Tauchen spezialisierten Firmen auf Tortola, der Hauptinsel, kann man wunderschöne Boote chartern. Wir führen auf: Underwater Safaris, Baskin in the Sun, Aquanaut Cruises und Trimarine. Auch von an Land stationierten

Tauchbasen aus kann man seinem Hobby nachgehen: Auf Tortola gibt es unter anderem Blue Water Divers, Dive BVI und Island Divers.

Besonderheiten

Die »Rhône« versank westlich von Salt Island im südlichen Teil des Sir-Francis-Drake-Kanals. Seit über hundert Jahren ruht das Wrack hier im ruhigen, klaren Wasser nicht tiefer als 20 Meter. Die »RMS Rhône«, ein leistungsfähiges Dampfschiff, das 253 Passagiere der Ersten Klasse, 30 der Zweiten und 30 der Dritten Klasse befördern konnte, geriet am 29. Oktober 1867 in einen schrecklichen Wirbelsturm. Das Schiff wurde gegen die Riffe vor Salt Island getrieben und schlug schwer auf die Korallenbarriere auf. Der Maschinenraum flog in die Luft, als die »Rhône« in zwei Teile zerbrach. Es blieb keine Chance, die Rettungsboote zu Wasser zu lassen. Ironie des Schicksals: Keine fünfzig Meter links und rechts vom Ort des Schiffbruchs entfernt liegen Sandgründe, auf denen das Schiff sanft hätte auflaufen können.

Heute gehört die »Rhône« zu den meistbesuchten Wracks in den Antillen. Dies ist auch der Tatsache zu verdanken, daß im und um das Wrack herum zahlreiche Fische leben. Im Lauf der Jahre hat das Wrack sich zersetzt. Nur ein Teil der Schiffsstrukturen ist noch erhalten. Wären nicht die intakte Schraube und das Steuerruder zu erkennen, könnte man diese Wrackstätte für eine antike Ruine halten.

Unser Kommentar

Die »Rhône« ist weniger ein schönes Wrack im buchstäblichen Sinne des Wortes. Aber sie weist ein phantastisches Ambiente auf und vermittelt einen sehr fremdartigen Eindruck. Man rätselt beim Anblick der Trümmer über die Tragödie nach, die sich hier abgespielt haben muß, und das macht das Besondere dieses Tauchganges aus.

1 In den Grotten von Virgin Gorda schafft das eindringende Sonnenlicht herrliche Licht- und Schatteneffekte.

2 Bei dem klaren Wasser und den geringen Tauchtiefen sind auch die Voraussetzungen für das Schnorcheln sehr günstig.

3 Die übereinandergetürmten Granitkugeln am Strand von »The Baths« erinnern stark an ähnliche Formationen auf den Seychellen.

4 Schwerelos zwischen Himmel und Meer läßt sich eine Taucherin treiben, um die Felsgründe zu erkunden.

VIRGIN GORDA
Die Lichtergrotten

SCHWIERIGKEITSGRAD	★★
QUALITÄT DER TAUCHPLÄTZE	★★★
SONSTIGE SEHENSWÜRDIGKEITEN	★★

An felsigen Klippen, die an die Seychellen erinnern, liegen unterseeische Grotten, in die die Sonnenstrahlen eindringen und eine zauberhafte Atmosphäre schaffen. Diesen unvergeßlichen Tauchplatz kann man sich sogar schnorchelnd erschließen...

Praktische Tips

Virgin Gorda ist die östlichste Insel der britischen Jungferninseln. Mit Tortola, der Hauptinsel, ist sie durch einen regelmäßig verkehrenden Fährdienst verbunden. Die kleine Insel weist zwei völlig unterschiedliche Landschaften auf. Der südliche Teil ist charakterisiert durch riesige, übereinandergetürmte Granitkugeln. Die Formation ist einmalig in der Karibik und erinnert stark an die berühmte Seychelleninsel La Digue. Der nördliche Teil von Virgin Gorda ist eher hügelig.
Nur tausend Einwohner gibt es auf dieser kleinen Insel, die eine wachsende Zahl von Besuchern anzieht. Die berühmteste Sehenswürdigkeit ist »The Baths«, wo die übereinanderliegenden Granitkugeln ein beeindruckendes Labyrinth von Gängen geschaffen haben, in das das Meer – abhängig von den Gezeiten – mehr oder weniger hoch eindringt. Zahlreiche Canyons und Gänge sowie natürliche Schwimmbecken gilt es hier zu erkunden. Wenn

man etwas tiefer im Labyrinth vorgedrungen ist, gelangt man zu den Eingängen von Höhlen, die die Erosion aus dem Fels herausgehöhlt hat. Hier kann man auf unterseeische Entdeckungsreise gehen und wird von der Schönheit dieser Grotten und Höhlen entzückt sein.

Auf Virgin Gorda gibt es sechzehn herrliche Strände mit schneeweißem Sand. Wenn es die Zeit erlaubt, sollte man einen Ausflug zum Gorda Peak nicht versäumen. Dies ist mit 490 Meter der höchste Punkt der Insel. Er liegt inmitten eines Nationalparks mit großzügiger Vegetation und bietet einen herrlichen Panoramablick auf den Sir-Fran-

In diesen Gewässern ist ein Boot mit einem guten Skipper und einem leistungsstarken Echolot unerläßlich. Nur so kann man die unzähligen Schätze auf dem Meeresgrund entdecken. Die britischen Jungferninseln sind bisher noch besser bei den Seglern als bei den Tauchern bekannt. Was die Segler anlangt, ist deren Wertschätzung nicht verwunderlich, denn diese Inselgruppe bildet mit ihren zahlreichen, schützenden Buchten, ihren Traumstränden und der malerischen Landschaft eines der schönsten Segelreviere überhaupt.

3

4

cis-Drake-Kanal. Bei klarem Wetter kann man die ganzen umliegenden Inseln und sogar St. Maarten in den Niederländischen Antillen erkennen.

Besonderheiten

Da das Wasser in den Höhlen von »The Baths« nicht sehr tief ist, erkundet man sie besser schnorchelnd als mit der Tauchausrüstung. Wir haben dabei allerdings Unterwasser-Scooter benutzt, um schneller voranzukommen und vollkommen das Gefühl der Schwerelosigkeit zu genießen. Das Wasser ist kristallklar, und wenn die Sonnenstrahlen durch die weit klaffende Öffnung der Grotte eindringen, glaubt man, sich in einer Kathedrale zu befinden.

Es gibt auf Virgin Gorda zwei Tauchzentren, mit denen man die umliegenden Riffe erkunden kann. Dazu zählt vor allem Black Bluff, ein Tauchplatz, der für seine pilzförmigen Korallenformationen und seine unterseeischen Grotten bekannt ist. Die Basis Dive BVI Ltd. liegt im Hafen der Bucht St. Thomas an der Südwestküste von Virgin Gorda. Sie bietet morgens für maximal zwölf Taucher eine Ausfahrt mit zwei Flaschen an. Die Basis Kilbrides Underwater Tours bietet ihren Service hauptsächlich für die Gäste des Biras Creek Resort an. Dieses Tauchzentrum ist auf Wracks spezialisiert. Wer sich für Wracks interessiert, muß im Norden von Virgin Gorda in Richtung der Insel Anegada suchen. Dort hat man über dreihundert versunkene Schiffe und Boote gezählt. Das Horseshoe Reef, das Anegada umgibt, wird als das drittgrößte Korallen-Barriere-riff der Karibik betrachtet.

INSELN ÜBER DEM WIND

INSELN

ÜBER DEM WIND

Wie Perlen auf einem Rosenkranz sind diese Inseln im Halbkreis aneinandergereiht. Ihre Namen beschwören tropische Urlaubsfreuden…
Diese Inselkette stellt eine lockere Barriere zwischen dem Atlantik und dem karibischen Meer dar und endet kurz vor der Küste Venezuelas. Im Gegensatz zu den benachbarten Gebieten der Karibik, die sehr stark amerikanisiert sind, scheinen die Inseln über dem Wind voll unter europäischem Einfluß zu stehen. Tatsächlich sind viele von ihnen noch englisches oder französisches Territorium.
Eines der Charakteristiken dieser kleinen überseeischen Besitzungen ist, daß sie totale Entspannung sowohl über als auch unter Wasser bieten. Die Landschaften entzücken einen mit ihrer Überfülle an Blumen, und die Tauchgründe wimmeln von farbenprächtigem Leben. Diese Inseln sind ideale Urlaubsziele für jene Familien, die sich aus Tauchern und Nichttauchern zusammensetzen.

Stets gibt es hier einen Ausflug zu machen, einen Ort zu entdecken, ganz zu schweigen von der unbeschreiblichen kreolischen Küche mit ihrem wohlschmeckenden Variationsreichtum.
Aufgrund ihrer geografischen Lage sind die Inseln über dem Wind der enormen Wucht der Stürme vom offenen Meer her ausgesetzt, vor allem im Sommer zwischen Juni und August ist das Risiko von Wirbelstürmen nicht zu übersehen. Man sollte sie deshalb vorzugsweise im Herbst und im Winter besuchen.
Was das Tauchen anlangt, gehören diese Gebiete zu der am reichsten mit Wracks aller Arten versehenen Region in der Karibik.
Auf allen Antillen-Inseln bewahrt man schreckliche Berichte über mehr oder minder legendäre Schiffbrüche im Gedächtnis. Wenn man diese Wracks mit Hilfe des modernen Tauchgeräts entdeckt, hat man das Empfinden, die großen Augenblicke der Geschichte nachzuerleben.

Vorhergehende Seite:
Die Inseln über dem Wind sind aus touristischer Sicht sehr anziehend. Dem Taucher aber bieten sie auch schöne Tauchgründe mit klarem Wasser. Besonders reich vertreten sind dort die Wirbellosen und die Bohrschwämme.

Rechte Seite:
Aus dem Blau des Wassers kommt phantomartig das Wrack des Schleppers von Tintamarre in das Sichtfeld. Dies ist ein nicht anstrengender und dennoch beeindruckender Tauchgang.

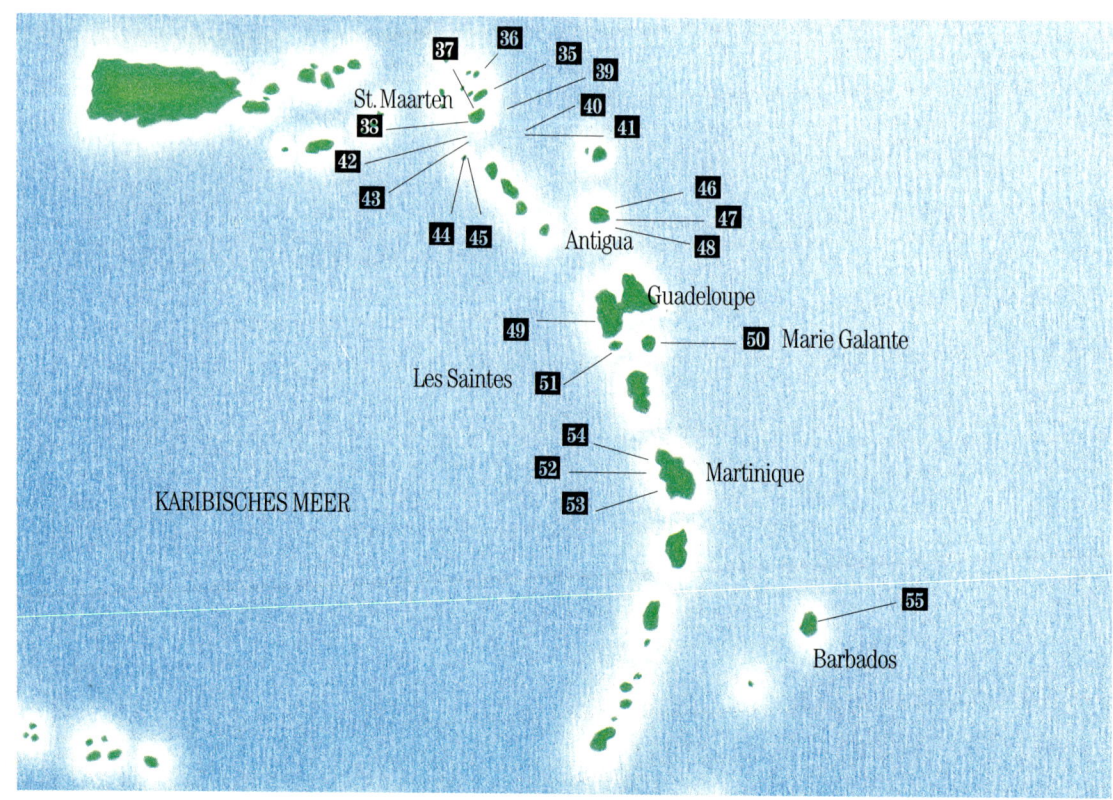

35 Sandy Island
36 Prickly Pear
37 Spanish Rock
38 Grand Case
39 Tintamarre
40 41 Gustavia
42 Shark Shoal
43 Tent Reef
44 The Wall
45 Statia
46 Salt Tail Reef
47 Weymouth Reef
48 Cades Reef
49 Taubeninseln
50 Marie Galante
51 Les Saintes
52 Blue Marine
53 Der Diamant
54 Saint Pierre
55 Bell Buoy Reef

1 Das hübsche, unbewohnte Inselchen Sandy Island und die umliegenden Riffe aus der Luft gesehen.

2 Röhrenwürmer der Art *Bispira brunnea* in der violetten Variante. Die Tiere dieser Art leben in Kolonien.

3 Der ins Auge fallende Federhelm der Art *Bispira variegata*.

4 Beinahe durchscheinend ist der Federhelm bei der Art *Anamobaea orstedii*, hier inmitten von Schwämmen angesiedelt.

SANDY ISLAND
Würmer mit einem Federbusch

SCHWIERIGKEITSGRAD	★
QUALITÄT DER TAUCHPLÄTZE	★ ★ ★
SONSTIGE SEHENSWÜRDIGKEITEN	★ ★

Sandy Island, dieses hübsche Inselchen nördlich von Anguilla, wird sehr häufig von den Tauchern aufgesucht. In den umliegenden, flachen Tauchgründen findet man eine Vielzahl erstaunlicher Wirbelloser. Hier ist das Mekka der passionierten Makro-Fotografen ...

Praktische Tips

Sandy Island ist nur mit dem Boot zu erreichen, und es gibt keine touristische Infrastruktur auf der Insel. Tagesausfahrten werden von Anguilla und von St.Maarten aus angeboten. Noch besser ist es, wenn man Sandy Island im Verlauf einer mehrtägigen Kreuzfahrt mit dem Segelboot besucht.
Bei Sandy Island kommen die Schnorchler gleichfalls voll auf ihre Kosten. Das Wasser ist warm und klar, und der Meeresgrund liegt selten tiefer als bei 15 Meter. Die schnellen Tauchboote brauchen etwa drei Stunden bis nach Sandy Island hinaus. Mit dem Segelboot muß man etwa einen halben Tag rechnen.

Besonderheiten

Das klare Wasser mit Sichtweiten bis zu 30 Meter macht das Tauchen zu einem Vergnügen. Selten ist die Strömung so stark, daß sie beim Tauchen hinderlich ist. Man kann direkt vom schneeweißen Sandstrand aus zum Tauchen gehen. Die tieferen Tauchplätze erreicht man jedoch vom Boot aus an der Außenseite der Korallenriffe.

In diesen Gewässern haben wir vor allem das überaus reichliche Vorkommen von marinen Würmern bewundert. Zahlreiche Arten von Röhrenwürmern entfalten ihre Federbüsche sowohl bei Tag als auch in der Nacht. Sie sind sehr empfindlich und ziehen sich bei der geringsten Störung in ihre Wohnröhre zurück. Manchmal reicht schon eine kleine Wasserbewegung, und der Federbusch verschwindet blitzschnell. Die Röhrenwürmer gehören zur Ordnung der *Sabellidae*. Die Tentakel des Federbusches dienen zum einen dem Fang von Nahrungsbeute, zum anderen der Atmung. In den federartigen Büscheln verfangen sich Plankton und organisches Geschwebe. Die Röhre, in der der Wurm sich zeitlebens aufhält, besteht aus ausgeschiedenem Kalk. Viele Arten verfügen sogar über einen Deckel, der sich über die Röhrenöffnung legt, sobald der Fangapparat in die Röhre zurückgezogen ist. Bei manchen großen Arten wie beispielsweise *Sabellastarte magnifica* kann die Röhre eine Länge von zwanzig Zentimeter erreichen. Bei solchen großen Exemplaren ist auch der Federhelm spektakulär. Andere Arten wie *Bispira brunnea* leben gesellig in Kolonien, die etwa ein Dutzend Individuen umfassen können. Besonders fein gezähnt ist der Federhelm bei der Art *Anamobaea orstedii*, wobei die Färbung gelb oder orange sein kann. Von eher bescheidenem Wuchs ist die Art *Notaulax occidentalis*, aber ihr Federbusch zählt zu den schönsten überhaupt und ist goldgelb gefärbt. Die Art *Brachiomma nigromaculata* erkennt man unschwer an ihrem Federhelm, der abwechselnd braun und weiß gefärbt ist. Die Röhre dieser Art erreicht einen Durchmesser von drei Zentimeter. Alle Arten von Röhrenwürmern zeigen ähnliche Verhaltens- und Lebensweisen.

Unser Kommentar

Man muß als Taucher auch die häufig außerordentliche Schönheit der primitivsten Meereslebewesen entdecken lernen. Sie sind viel leichter erreichbar als ein großer Fisch und viel mehr verbreitet, und sie können einem erregende Überraschungen bereiten. Am schönsten entfalten sich diese erstaunlichen Wesen in der Nacht.

2

3

4

1

1 Wenn man beobachten will, wie die Einsiedlerkrebse *(Pagurus beringanus)* aus ihren Gehäusen herauskommen, muß man nachts tauchen.

2 Prickly Pear ist ein idealer Platz für alle Wassersportarten.

3 Die neugierige Spinnenkrabbe *(Stenorhynchus seticornis)*.

4 Ein hübsches Tier und außerdem von den Feinschmeckern sehr geschätzt: der Bärenkrebs *(Syllarides nodifer)*.

PRICKLY PEAR
Die Wunder der Nacht

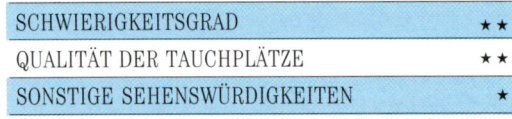

SCHWIERIGKEITSGRAD	★★
QUALITÄT DER TAUCHPLÄTZE	★★
SONSTIGE SEHENSWÜRDIGKEITEN	★

Selten suchen die Taucher Prickly Pear auf, diese kleine, verlassene Insel vor Anguilla. Das ist eigentlich schade, denn in dem doppelten Riff gibt es viel Leben. Die schönsten Taucherlebnisse hat man hier nachts. Dann wird das Riff zum Königreich der Krustentiere mit ihren seltsamen Formen und Farben...

Praktische Tips

Eigentlich handelt es sich nicht nur um eine Insel, sondern um eine Ansammlung kleiner unbewohnter Inselchen. Deshalb lautet der korrekte Name Prickly Pear Cays. Die größte von ihnen ist als Ausflugsziel bei den Touristen auf Anguilla sehr beliebt. Es gibt dort einen kleinen Strandkiosk, der die Surfer und Sonnenbadenden mit kühlen Getränken versorgt. Auch die Segelboote, die in der Karibik kreuzen, laufen diese Insel gern an. Die Einfahrt in die Bucht ist schwierig, da der Meeresgrund mit Korallenstöcken übersät ist. Deshalb sollte man sie auch nur bei ruhigem Wetter und bei Tag unternehmen. Das Ankern hingegen schafft im Inneren der gut geschützten Lagune keine Probleme.
Um hierher zu gelangen, ist ein Boot unbedingt erforderlich. Dieses kann man auf St.Barthélemy oder auf St.Maarten anmieten. Da es hier keine Tauchbasis gibt, muß man auch die Tauchgeräte und den Kompressor an Bord haben. Wir hatten die Gele-

genheit, einen wundervollen Katamaran vom Typ Privilège, beinahe 15 Meter lang, zur Verfügung gestellt zu bekommen. Solche Boote werden von der Firma Jet Sea, die auf Kreuzfahrten spezialisiert ist, vermietet. Von den Katamaranen aus mit ihrem geringen Tiefgang und der riesigen hinteren Plattform kann man sehr bequem tauchen und kommt

auch gut in die flachsten Buchten und Lagunen hinein. Sechs Taucher haben auf dem Boot bequem Platz.

Besonderheiten

Die Lagune selbst ist zum Tauchen nicht von Interesse. Die Korallenstöcke im Flachwasser sind von den Stürmen mehr oder weniger zerstört. Allenfalls eignen sie sich somit zu einem Ersttauchgang oder dafür, Kinder in das Tauchen einzuführen. Wenn man in guter Tauchgesellschaft ist, kann man zum Tauchen an die Außenseite des Riffs gehen. Sie ist dafür bekannt, daß dort die größten Fische der Gegend stehen, außerdem Schildkröten und Ammenhaie und im Sandgrund viele Plattfische.

Wir denken besonders gern an die Nachttauchgänge in diesen ruhigen Gewässern zurück. Sobald die Abenddämmerung hereinbricht, verlassen zahlreiche Krustentiere ihre Tagesquartiere und begeben sich auf die Jagd. Es ist ein leichtes, sie mit dem Lichtstrahl der Lampe zu erfassen und zu studieren. Die Spinnenkrabben (*Stenorhynchus seticornis*) findet man meist in den Schwämmen oder in der Nähe von Seeanemonen-Kolonien. Sie sind neugierig auf den Taucher und gehen ihm nicht aus dem Weg, als wollten sie sich zum Kampf stellen. Die zierlichen Scherengarnelen (*Stenopus hispidus*) winken drohend mit ihren langen Fühlern, aber sie sind selbstverständlich nicht aggressiv. Wenn man die nesselnden Tentakel der Anemonen vorsichtig auseinanderbiegt, entdeckt man vielleicht Partnergarnelen der Gattung *Periclimenses*. Sie sind praktisch durchsichtig, und es bedarf

eines geübten Auges, sie zu sehen. Dies sind wohl die zartesten aller Krustentiere im Riff. Ganz scheu und gut getarnt ist gewöhnlich der Bärenkrebs (*Scyllarides nodifer*), ein naher Verwandter der Languste. Ihn sieht man nur gelegentlich einmal.

Unser Kommentar

Das Tauchen hier ist ein bißchen abenteuerlich wie in alten Tagen, da es in der Nähe keine Tauchbasis gibt. Das Herumkreuzen auf eigene Faust auf einem Segelboot kann zum sehr schönen Erlebnis werden. Die Lagune von Prickly Pear ist ein Traumplatz für alle Arten von Wassersport.

1

1 Zu den in den Gewässern um St. Maarten am häufigsten vorkommenden Raubfischen zählen die Barrakudas.

2 St. Maarten ist eine angenehme, tropische Insel und verfügt über sehr geschützt liegende Marinas.

3 Sie erschrecken mehr, als daß sie wirklich gefährlich sind. Immerhin aber sind die Barrakudas *(Sphyraena barracuda)* mit kräftigen Zähnen ausgestattet.

4 Die großen Exemplare treiben sich solitär herum und folgen gern dem Taucher.

SPANISH ROCK
Barrakudas bluffen gern

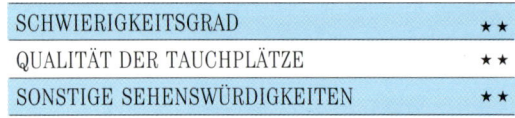

SCHWIERIGKEITSGRAD	★★
QUALITÄT DER TAUCHPLÄTZE	★★
SONSTIGE SEHENSWÜRDIGKEITEN	★★

St. Maarten, diese halb französische, halb holländische Insel, ist vor allem als Einkaufsparadies bekannt. Aus der Sicht des Tauchers sind jedoch einige Felsen abseits der Insel interessant, wo es zu beeindruckenden Begegnungen mit Barrakudas kommen kann. Sie haben einen schlechten Ruf, und das ist zum Teil auch gerechtfertigt...

Praktische Tips

St. Maarten, etwa 87 Quadratkilometer groß, ist seit 1648 in zwei etwa gleich große Flächen aufgeteilt, die jeweils Frankreich und Holland gehören. Heute ist die Insel einer der Brennpunkte des Tourismus in den Antillen. Die großen Kreuzfahrtschiffe legen in Philipsburg, dem Hauptort des niederländischen Teils, einen Hafentag ein. Dies ist ein Freihafen, wo die Waren ohne Steueraufschlag verkauft werden dürfen. Gute Geschäfte sind also garantiert.
Mit Frankreich ist St. Martin, wie die Insel auf französisch heißt, durch wöchentlich drei Direktflüge der Air France verbunden. Von Holland fliegt die KLM zweimal wöchentlich die Insel an, von Deutschland gibt es einen Flug in der Woche mit der Lufthansa. Täglich fliegt eine Maschine der Air Guadeloupe nach Pointe-à-Pitre. Mit dem Entstehen immer neuer Marinas wächst auch die taucherische Infrastruktur von St. Maarten rasch. Zahlreiche Tauchbasen bieten überall auf der Insel Ausfahrten

zu den flachen Riffen um die Insel herum oder zu den weiter draußen liegenden, großen Felsen an. Wir haben die Tauchgründe dieser Insel ebenfalls von Bord eines Katamarans aus erkundet, was uns mehr Freiheit in der Routenplanung und mehr Gelegenheit zum Tauchen gab als bei reinen Tagesausfahrten.

Besonderheiten

Die »Klassiker« für das Tauchen vor St. Maarten sind die großen Felsen im Freiwasser. Spanish Rock beispielsweise ist ein Felskomplex in 10 Meter tiefem Wasser, umgeben von Geröll und Gesteinsschutt. Am Créole Rock kann man in stets klarem und strömungsfreiem Wasser Tauchgänge auf 7 bis 8 Meter machen. Les Dauphins im Norden sind ein beliebter Tauchplatz, der bis in 30 Meter Tiefe reicht und wo eine Schlucht durch ein Korallenfeld hindurch verläuft.

Bei all unseren Tauchgängen wurden wir von Barrakudas *(Sphyraena barracuda)* aller Größenklassen begleitet. Die größten Barrakudas stehen immer solitär. Sie können etwa 1,50 Meter lang werden. Diese Meeresbewohner haben eine neugierige, aber auch etwas verschlagene Art und folgen grundsätzlich dem Taucher, wobei sie sich immer hinter ihm halten. Von Zeit zu Zeit spielen sie den Bösen, färben sich dunkler und fletschen die Zähne. Die ersten Begegnungen mit Barrakudas bringen einen deshalb immer etwas aus der Fassung. Man weiß nie genau, ob der Fisch nun wirklich aggressiv ist, oder ob er nur so tut. Zwischenfälle mit Barra-

kudas sind außerordentlich selten; aber uns ist es eines Tages passiert, daß eine Flosse vom Biß eines Barrakudas durchlöchert war. Also ist wohl doch eine gewisse Vorsicht angebracht! Junge Barrakudas stehen häufig im Schwarm zusammen, wobei die Tiere eines Schwarmes immer einheitlich groß sind. Dabei wirken sie überhaupt nicht aggressiv, sondern begnügen sich damit, beinahe regungslos eine Wand rund um den Taucher zu bilden.

Unser Kommentar

Die Tauchgründe rund um St. Maarten zählen sicherlich nicht zu den schönsten im Gebiet der Antillen, aber man kann sich hier zu Beginn seines Urlaubs gut wieder an das Tauchen gewöhnen. Das betrifft sowohl die Überprüfung, ob die Ausrüstung in Ordnung ist, als auch das Gefühl für das Schweben unter Wasser und die Wahrnehmung der Unterwasserwelt.

1 Im Gegenlicht sieht die Hornkoralle *Pseudopterogorgia americana* wie ein Busch aus, aber in Wirklichkeit handelt es sich um eine Tierkolonie.

2 Der Strand von Grand Case – ein Stück tropisches Paradies!

3 Zwischen den Zweigen der Hornkoralle *Eunicea tourneforti* tummeln sich junge Blaukopf-Lippfische *(Thalassoma bifasciatum)*.

4 Erstaunlich und äußerst elegant mit ihren federartigen Zweigen ist die Hornkoralle *Pseudopterogorgia blanquillensis*.

GRAND CASE
Der Gorgonienfels

SCHWIERIGKEITSGRAD	★
QUALITÄT DER TAUCHPLÄTZE	★ ★
SONSTIGE SEHENSWÜRDIGKEITEN	★ ★

Dieses kleine, kreolische Dorf mit seinem wundervollen Sandstrand bietet in seiner Bucht flache Tauchgründe, die sehr gut für die Einführung von Anfängern geeignet sind. Die Korallenriffe dort wimmeln von Leben und Farben, und am beeindruckendsten sind die Gorgonien …

Praktische Tips

St. Maarten ist ein idealer Platz für jene, die noch wenig Taucherfahrung haben oder gerade mit dem Tauchen beginnen: Das Wasser ist warm und klar, und die Tauchplätze führen meist nur in geringe Tiefen. Lediglich in der Winterperiode von Dezember bis April benötigt man wirklich einen Neoprenanzug. Für den Rest des Jahres, in dem das Wasser eine Temperatur von 26 bis 28 °C aufweist, kann man sich mit dem viel bequemeren Lycratrikot begnügen.

Obwohl im französischen Teil der Insel gelegen, wird die Tauchbasis am Strand von Grand Case von amerikanischen Tauchlehrern geleitet. Der bevorzugte Platz für die Ersttauchgänge und die Gewöhnungstauchgänge ist Eagle Ray Rock, der »Fels der Adlerrochen«. Da diese Stelle nicht durch eine Boje gekennzeichnet und schwer aufzufinden ist, ist es ratsam, sich des professionellen Service der Basis zu bedienen.

Besonderheiten

Eagle Ray Rock ist ein Tauchplatz genau vor dem Strand von Grand Case. Er ist ideal für Anfänger, da die Tiefe nur maximal 6 Meter beträgt. Das Korallenriff inmitten dieser schönen Bucht nimmt eine Fläche von etwa achttausend Quadratmetern ein. Es ist bekannt für seine vielen Muränen, und seinen Namen verdankt es der gelegentlichen Anwesenheit von Adlerrochen. Uns ist es aber nicht vergönnt gewesen, diesen sehenswerten Tieren hier zu begegnen. Bei den meisten Riffen, die nach Fischen benannt sind – seien es Barrakuda, Hai, Schildkröte oder Adlerrochen –, sollte man nicht davon ausgehen, daß man diese dort auch garantiert trifft. Wir haben uns deshalb hier verführen lassen durch die Zahl und die Artenvielfalt an buschigen Gorgonien, die das Riff dominieren. Vorherrschend sind die Hornkorallen der Art *Eunicea tourneforti*. Diese Hornkorallen leben in Symbiose mit mikroskopisch kleinen Algen, die ihnen die charakteristische grüne Färbung verleihen. Die Stöcke dienen häufig als Rückzugsorte für eine kleine Familie gelber Fische, der Blaukopf-Lippfische *(Thalassoma bifasciatum)*, die quirlig zwischen den Zweigen ihres Gastgebers herumschwirren. Die graziösesten Formen entwickeln die federartigen Hornkorallen der Gattung *Pseudopterogorgia*. Sie können bis zu zwei Meter groß werden. Elegant wiegen sie sich in der Strömung oder der Dünung. Sie haben, unabhängig von der Tageszeit, meist ihre Polypen ausgestreckt, so daß sie weich wie Samt aussehen. Häufig findet man unterschiedliche Gelege an den Hauptzweigen der Hornkorallen angeheftet. In der Tat bieten sie für Jungfische und junge Wirbellose einen perfekten Schutz. Der einzige Freßfeind der Gorgonien ist die Flamingozunge *(Cyphoma gibbosum)*, eine kleine Eischnecke mit entzückendem, weißem Mantel mit goldfarbenem Dekor.

Unser Kommentar

Die Tauchgänge in dieser Bucht sind weit davon entfernt als grandios bezeichnet werden zu können. Dafür aber sind sie besonders sympathisch. Hier bietet sich dem Besucher die Gelegenheit, einen der schönsten Strände der Insel kennenzulernen. Und in den sehr angenehmen kreolischen Restaurants kann man unter freiem Himmel gegrillte Langusten und verschiedene einheimische Fische in schmackhafter Zubereitung verzehren …

1 Wie ein Gespenst taucht das Wrack von Tintamarre aus dem Blau auf.

2 Die »Privilège«, ein 14,70 Meter langer Katamaran, bildet die komfortable schwimmende Tauchbasis.

3 Die Insel Tintamarre, ein unwirtlich wirkender Steinklotz.

4 Das Wrack ist schon recht stark mit roten Schwämmen besiedelt.

5 Im Inneren reflektiert an einer Luftblase das Wasser wie in einem Spiegel.

TINTAMARRE
Ein Wrack, das Aufsehen erregt

SCHWIERIGKEITSGRAD	★
QUALITÄT DER TAUCHPLÄTZE	★ ★ ★
SONSTIGE SEHENSWÜRDIGKEITEN	★

Rein zum Vergnügen der Taucher wurde hier kürzlich ein kleiner Schlepper versenkt. Er steht senkrecht auf dem Grund, und seine Aufbauten werden bereits von Myriaden von Fischen umschwärmt. Das ist gerade für Anfänger die ersehnte Gelegenheit, das immer etwas mystische Erlebnis eines Wracks kennenzulernen ...

Praktische Tips

Tintamarre ist ein kleines französisches Inselchen, das verwaltungsmäßig zu Guadeloupe gehört. Es liegt genau auf der Navigationsachse zwischen Saint Barthélemy und Anguilla neben der Insel Fourche und kann nur mit dem Boot angefahren werden. Wir haben diesen Tauchausflug mit einem 14,70 Meter langen Katamaran, Typ Privilège, unternommen. Solche Katamarane sind zum Tauchen sehr gut zu gebrauchen, denn sie verfügen wegen ihrer Größe über eine beachtliche Stabilität und bieten viel Platz, um sich auszubreiten. Über eine Plattform am Heck kommt man bequem ins Wasser und wieder heraus.
Die von uns angesegelte Wrackstelle wird durch eine Schwimmboje gekennzeichnet, die direkt am Wrack befestigt ist. Man braucht nur den Anker in den Sandgrund daneben zu werfen und einige Meter Kette nachzugeben, um einen sicheren Ankerplatz zu haben. Wenn das Meer ruhig ist, sollte

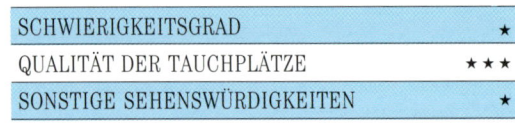

2

man mit dem Tauchen bis gegen Mittag warten, denn dann stellt sich das Schiff buchstäblich im besten Licht dar: Das Wrack wird praktisch senkrecht von oben angestrahlt, und so kommen die Konturen und Farben am besten zur Geltung.

Wie überall auf den Antillen sind die Wetterverhältnisse im Winter – zwischen Dezember und Februar – am günstigsten; dann ist es am windstillsten, und das Wasser ist entsprechend klar. Unbedingt sollte man die Monate von Juni bis August meiden, weil dann häufig tropische Stürme toben.

Besonderheiten

Der zwanzig Meter lange Schlepper, den man 1990 versenkt hat, um eine weitere Tauchattraktion zu schaffen, liegt noch völlig intakt auf 12 Meter tiefem

Grund. Er steht aufrecht auf dem Sand, und alle Aufbauten sind unversehrt. Derart gut erhaltene Wracks sind selten zu finden, und es ist zu hoffen, daß nicht ein tropischer Wirbelsturm Schäden anrichten wird. Zahlreiche Fische haben sich in der Nachbarschaft des Wracks eingefunden. Die ersten, die sich um den Taucher kümmern, sind die Sergeantfische *(Abudefduf saxatilis)*. Diese Fische mit ihrem gestreiften Kleid schwirren in großer Zahl um den Kamin des Wracks herum, dringen aber nicht ins Innere ein. Der Steuerstand des Bootes ist mit Algen ausgekleidet. Die Ausatemluft des Tauchers sammelt sich unter der Decke des Standes und bildet einen beweglichen Spiegel mit erstaunlichen Reflexen.

Der Schiffsrumpf bedeckt sich nach und nach mit festsitzenden Lebewesen. Im Schein der Lampe leuchten die Farben der Schwämme in Gelb, Orange und Rot auf. Sie werden sich im Laufe der Jahre weiter ausbreiten und den Rumpf in ein richtiges Schmuckstück verwandeln. Im offenen Bauch des Wracks suchen Myriaden kleiner Silberfischchen

Zuflucht, deren Leiber im Schein der Lampe aufblitzen. Ihre Ruhe wird immer wieder gestört durch das bedrohliche Erscheinen eines Barrakudas oder die majestätische Passage eines Kaiserfisches.

Unser Kommentar

Dieses künstliche Wrack, noch jung und wenig bekannt, verspricht ein sehr interessanter Tauchplatz zu werden, vorausgesetzt, die Launen des Himmels und des Meeres gestatten ihm, in gutem Zustand zu bleiben. Wegen der Klarheit des Wassers, den leichten Ankerbedingungen und der geringen Tiefe ist dies ein idealer Platz für die Einführung in das Wracktauchen. Auch die Fotografen kommen voll auf ihre Kosten.

1

1 Eine Spazierfahrt mit dem Scooter zwischen den Hornkorallen *(Eunicea tourneforti).*

2 Spektakulär gefärbte Krustenschwämme *(Tedania ignis)* überziehen teilweise die Korallen.

3 Der »Zuckerhut« erhebt sich direkt vor der Hafenausfahrt von Gustavia.

GUSTAVIA
Rodeo unter dem Zuckerhut

SCHWIERIGKEITSGRAD	★ ★
QUALITÄT DER TAUCHPLÄTZE	★
SONSTIGE SEHENSWÜRDIGKEITEN	★ ★ ★

»St. Barth«, wahrhaftig
das Saint-Tropez der Karibik,
ist der beliebte Treffpunkt der
Fahrtensegler. Es ist zwar mehr als
allgemeiner Urlaubsplatz bekannt
denn für seine Tauchgründe,
dennoch hat uns diese Insel
verführt, weil sie so etwas
ist wie ein Stück Frankreich
»am Ende der Welt« ...

Praktische Tips

Saint Barthélemy liegt nordwestlich von Guadeloupe, zu dem es auch verwaltungsmäßig gehört. Die Touristen, die immer zahlreicher diese Karibik-Insel besuchen, nennen es salopp »St. Barth«. Die Insel gilt als Freihandelszone, und der Hauptort, Gustavia, empfängt rund ums Jahr zahlreiche Segelboote, meist der Luxusklasse. In den größten Hotels der Insel sind einige Tauchbasen anzutreffen. Außerdem gibt es zahlreiche Charterboote, von denen einige auch mit allem notwendigen Material ausgestattet sind, so daß der Besucher die Unterwasserwelt erkunden kann.

Mehrere Flüge täglich verbinden Gustavia mit Fort-de-France auf Martinique sowie den meisten anderen benachbarten Inseln. Die sehr kurze Piste liegt in einem engen Becken. Die Landung ist recht gefährlich, denn die Flugzeuge müssen knapp über einen Hügel, ohne sich die Nase anzurennen, und dann sofort hinunter zur Piste.

Wenn Sie einige Tage Zeit für die Insel haben, sollten Sie einen »Mini« anmieten, um das Landesinnere zu erkunden. Beim Fahren ist Vorsicht geboten, denn die Sträßchen sind eng und kurvenreich, aber das Erlebnis entschädigt für die Mühe. Zum Tauchen sind die Wintermonate am besten geeignet. Zwischen Dezember und Februar ist das Wasser im allgemeinen am klarsten. Die mittlere Wassertemperatur beträgt um 24°C.

Besonderheiten

Am Ausgang des Hafens von Gustavia erhebt sich ein felsiger Vulkankegel, der Zuckerhut genannt wird. Mit dem Schlauchboot kommt man in wenigen Minuten dort hin. Das Boot muß so verankert werden, daß es vor der seewärtigen Dünung geschützt ist. Vergessen Sie auch nicht, die Taucherflagge zu hissen, denn die Ecke ist sehr belebt, und viele Bootsführer sind zu sorglos. Unterhalb des Zuckerhuts senkt sich der Grund mit leichter Neigung bis auf etwa 20 Meter. Hier gibt es kein Riff im eigentlichen Sinne, sondern vielmehr vereinzelte Korallenblöcke, die reich mit Hornkorallen bestanden sind. Meist handelt es sich um die buschartigen Formen: die Hornkoralle *Plexaurella dichotoma*, die sich samtartig weich anfaßt, und *Eunicea tourneforti*. Uns hat es viel Spaß gemacht, in diesem unterseeischen Garten mit einem Scooter herumzustreifen. Dieses geräuscharme und ungefährliche Gerät lernt man leicht zu bedienen. Es erspart einem das Flossenschlagen, vermittelt aber auch ganz neue Eindrücke. Interessant ist es daneben, mit Hilfe des Scooters die Begegnung mit vorbeiziehenden Stachelmakrelen oder Barrakudas zu suchen. Letztere sind sind hier sehr zahlreich vertreten und wie immer ziemlich neugierig – manche Menschen meinen auch bedrohlich …

Unser Kommentar

Man sollte die Unterwasseraspekte dieser Insel nicht geringschätzen, auch wenn es sich keineswegs um die besten Tauchplätze der Antillen handelt. Hier kommen die nichttauchenden Begleiter einmal zu ihrem Recht, weil sie sich vergnüglich die Zeit vertreiben und günstig einkaufen können.
Manche empfinden St. Barth als etwas snobistisch und überlaufen. Aber man kann ja die Modeorte meiden und findet genug kleine, beinahe verlassene Strände. So läßt sich diese Insel richtig genießen, die den Vorteil aufweist, ihr tropisches Ambiente mit den Annehmlichkeiten des modernen Luxus zu verbinden.

101

1 Das Wrack der »Non-Stop« liegt kopfüber, und nur eine Ankerkette schmückt den nach oben gerichteten Rumpf.

2 Dieses riesige Wrack ist leicht zu betauchen, und man kann auch gefahrlos ins Innere vordringen.

3 Die Wendeschraube vermittelt einen völlig unzutreffenden Eindruck von der wahren Größe des Schiffs.

4 Wunderschöne Segelboote, die in der Karibik kreuzen, kehren im Hafen von Gustavia ein.

DIE »NON-STOP«
Das Wrack ohne Ende

SCHWIERIGKEITSGRAD	★★
QUALITÄT DER TAUCHPLÄTZE	★★
SONSTIGE SEHENSWÜRDIGKEITEN	★★★

Am Hafenausgang von Gustavia liegt das riesige Wrack der »Non-Stop« auf dem Meeresgrund. Der Name paßt zum Wrack, denn mit seinen 70 Meter Länge erscheint der Schiffskörper endlos. Dies ist ein leichter Tauchgang an dem umgekippten Riesen, der zur Heimstatt für unzählige, vielfarbige Fische geworden ist ...

Praktische Tips

Die »Non-Stop« war ein großer Frachter. Man hat das Schiff auf 15 Meter tiefem Grund vor der Hafeneinfahrt von Gustavia versenkt, dem Haupthafen auf der Insel Saint Barthélemy. Die »Non-Stop« ruht, den Rumpf nach oben gedreht, auf Sandgrund und ist nicht zu verfehlen, da die Wrackstelle mit einer weißen Boje markiert ist. Es genügt schon ein kleines Schlauchboot, um sie von der Marina aus zu erreichen. Da man im Hafenbereich nur sehr langsam fahren darf, dauert die Überfahrt etwa eine Viertelstunde. Die Boje ist am Anker des Wracks festgemacht und somit sicher genug, um auch ein Segelboot daran festzulegen. Dieser Platz ist das ganze Jahr über gut zu betauchen, sofern ruhige Wetterbedingungen herrschen.
Saint Barthélemy weist ein subtropisches Klima auf. Das Wasser ist praktisch rund ums Jahr 26 °C warm. Die besten Sichtbedingungen unter Wasser hat man zwischen Januar und April.

Besonderheiten

Die »Non-Stop« hat sich beim Sinken überschlagen und liegt nun mit dem Rumpf nach oben. Dies gibt dem großen Wrack den Anschein des Endlosen und paßt hervorragend zu dem Namen, den das Schiff trug. Der stählerne Rumpf ist ziemlich blank und glatt, da die natürlichen Inkrustierungen noch keine Zeit gehabt haben, sich darauf zu entwickeln. Es wird wohl auch noch einige Jahre dauern, bis das Wrack seine »Patina« aus Korallen und farbigen Wirbellosen erworben haben wird. Wenn man, bei der Ankerkette beginnend, am Rumpf entlangschwimmt, kommt einem die Größe des Schiffes so richtig zu Bewußtsein. Hinter den Laufgängen sind hier und da offene Luken zu erkennen, durch die man in das Innere des Wracks eindringen kann. In den Eingeweiden des Schiffs ist man fasziniert von der vorherrschenden Ruhe, die einen Ausdruck von Geheimnis darzustellen scheint. Es wäre unnütz, sich lange im Inneren aufzuhalten: Dort ist es dunkel, und Gegenstände von Wert sind nicht mehr vorhanden. Setzen Sie lieber den Weg bis zum Heck fort. Die Schraube dort ist unbedingt ein Foto wert. Lassen Sie sich dann zum Grund hinuntersinken und tauchen Sie unter dem Wrack durch. Hier steht Fischbrut zu Tausenden im dichten Schwarm. Im Licht der Lampe blitzen die Leiber auf, so daß sie wie silberne Schmuckstücke aussehen. Am Grund unter dem Schutz des Wracks wimmelt es aber auch von ausgewachsenen Fischen, und Engelsfische sowie Soldatenfische ziehen vorbei, ebenso wie der unausweichliche Barrakuda, alle unablässig auf der Suche nach Beute.

Am Wrack der »Non-Stop« zu tauchen ist leicht, da es keine Strömung gibt. Wenn das Wasser sehr klar ist, wird der Tauchgang zu einem wirklichen Vergnügen. Die Unterwasserfotografen können Wrack und Taucher gegen das Sonnenlicht hinauf fotografieren. Der winzig kleine Taucher verdeutlicht dann auf dem Bild die Riesigkeit des Rumpfes. Aus diesem Grund sollte man hier vor allem bei sehr hochstehender Sonne tauchen.

Unser Kommentar

Die »Non-Stop« zählt nicht zu den attraktivsten Wracks, da sie umgedreht und mit dem Rumpf nach oben liegt. Dennoch sollte man diesen Tauchgang auf keinen Fall versäumen. Das Tauchen hier ist auch für Anfänger möglich. In einigen Jahren, wenn das Schiff sich in ein künstliches Riff verwandelt haben wird, werden neue Attraktionen an diesem Wrack hinzukommen.

⁴

1 Auch in 40 Meter Tiefe ist das Wasser noch klar und hell, so daß man die Fische bewundern kann, die um das Riff schwärmen.

2 An den Steilabfällen konnten sich riesige Schwämme entwickeln.

3 Schwämme und große, rote Gorgonien strotzen vor blühender Gesundheit.

4 Die schroff aus dem Meer aufsteigende Insel wirkt ungastlich, verfügt aber über herrliche Tauchgründe.

SHARK SHOAL
Steilabfall zur Tiefsee

SCHWIERIGKEITSGRAD	★ ★ ★ ★
QUALITÄT DER TAUCHPLÄTZE	★ ★ ★
SONSTIGE SEHENSWÜRDIGKEITEN	★ ★

Die Felseninsel scheint weit jenseits von Welt und Zeit zu liegen, wird aber von den Tauchern gern besucht. Die Gewässer rings um Saba sind zu Recht berühmt und müssen zu den schönsten Tauchgründen der Karibik gezählt werden.

Praktische Tips

Saba (englisch ausgesprochen, also wie »Se'iba«) erhebt sich etwa 50 Kilometer südlich von St. Maarten aus dem Meer. Die Insel erscheint als ein einzelner Berg, der steil zum Meer hin abfällt und mit großzügig wuchernder, tropischer Vegetation bedeckt ist.

Saba scheint noch in einer anderen Welt zu leben, in der der friedliche Rhythmus der Jahreszeiten den Lauf der Dinge bestimmte. Man landet mit dem Flugzeug mitten im Herz der Insel. Nur der Fluggesellschaft Windworld ist es gestattet, auf der mit 400 Meter Länge ultrakurzen Piste zu landen. Wenn man mit dem Schiff anreist, geht man im kleinen Hafen von Fort Bay an Land. Er bietet wenig Schutz und kann nur bei gutem Wetter benutzt werden. Einige Herbergen nehmen Gäste auf. Es ist ratsam, vorher die Unterkunft zu reservieren. Am renommiertesten, insbesondere auch für seine Küche, ist das Hotel Captain's Quarters.

2

3

Das Tauchen hat sich auf Saba sehr stark entwickelt, und mehrere Tauchbasen bieten tägliche Ausfahrten an. Die bekanntesten Basen sind Sea Saba und Saba Deep. Sofern das Wetter ruhig ist, ist das Tauchen vor Saba das ganze Jahr über ausgezeichnet. Im Winter kann die Sichtweite im Wasser 30 Meter und mehr betragen. Die Wassertemperatur schwankt zwischen 22 und 28°C.

Besonderheiten

Viele der Riffe um Saba zeichnen sich durch ihre geringe Tiefe und die üppige Fauna aus. Regelmäßig trifft man auf sehr zutrauliche Barrakudas, die von den einheimischen Tauchern angefüttert wurden. Wir haben uns entschieden, Ihnen einen Tieftauchgang auf 40 bis 50 Meter zu schildern, wie er eigentlich den Tauchgästen selten angeboten wird. Denn hier wie fast überall in der Karibik taucht man auf amerikanische Manier, und das bedeutet unter größtmöglicher Sicherheit und nicht sehr tief. Vor allem wird vermieden, in die Dekompressionspflicht hineinzukommen.

Aber wenn man sich ein Boot und die Preßluftflaschen mietet, kann man diesen Tauchgang auf eigene Faust durchführen, denn der Platz ist genau gekennzeichnet. Es handelt sich um einen Felsen, der aus großer Tiefe bis zu 28 Meter unter die Wasseroberfläche hinaufsteigt. Taucher ab mittlerem Leistungsniveau können sich an der Erkundung dieser Plattform beteiligen, die reich an Korallen, Schwämmen und Gorgonien ist. Aber die Anziehungskraft der großen Tiefe zieht manche Taucher unwiderstehlich nach unten. Man bleibt dabei immer nahe am Felsen, der mit tausend farbigen Ablagerungen überzogen ist und schöne Büsche Schwarzer Korallen trägt. In der Tiefe späht man dann ins Freiwasser hinaus, und es wäre erstaunlich, würde man dabei nicht die flüchtige Silhouette eines Hais oder große Schwärme von Stachelmakrelen sehen.

Unser Kommentar

Shark Shoal (Hai-Bank) ist ein magischer Tauchplatz, da man einerseits etwas fröstelt beim Gedanken an den Abgrund unter einem, andererseits aber verzückt ist über den Reichtum an Leben. Wegen der Klarheit des Wassers, der leichten Erreichbarkeit und der Übersichtlichkeit des Geländes ist dies ein guter Platz, um sich mit dem Tieftauchen vertraut zu machen.

4

1 Auf 40 Meter Tiefe steht dieser Riesenschwamm *Xestospongia muta* mit seiner weiten Becheröffnung.

2 Im glasklaren Wasser zeichnet sich die Silhouette des Tauchers vor dem Gegenlicht ab.

3 Malvenfarben sind die stark verzweigten Schwämme der Art *Callyspongia vaginalis.*

TENT REEF
Schwämme in tausend Farben

SCHWIERIGKEITSGRAD	★ ★ ★
QUALITÄT DER TAUCHPLÄTZE	★ ★ ★
SONSTIGE SEHENSWÜRDIGKEITEN	★ ★

Rund um die hübsche Insel Saba gestatten unzählige Riffe die wundervollsten Tauchentdeckungen. Sie sind besonders reich mit Schwämmen bestanden, und einige dieser Schwämme wachsen ins Riesenhafte . . .

Praktische Tips

An die dreißig Tauchplätze rund um die Insel werden regelmäßig aufgesucht. Man versteht also die Wertschätzung, die diese kleine, verlorene Insel unter Tauchern genießt. Zahlreiche Kreuzfahrtboote laufen zum Tauchen häufig Saba an. Darunter gibt es bemerkenswert gut ausgestattete Schiffe, die teilweise sogar über Fotolabors verfügen, wo der Urlauber seine Filme schon unterwegs entwickeln lassen kann.

Diese Karibik-Insel verdient einen Aufenthalt von mindestens einer Woche. Man sollte auch nicht versäumen, einen Tag zu Fuß auf der Insel herumzustreunen. Herrliche Ausblicke und Panoramen sowie eine sehr farbenfrohe Fauna belohnen einen dafür. Allerdings muß man gut zu Fuß sein, denn Saba erhebt sich bis zu 900 Meter über den Meeresspiegel. Auf Saba zählt die Zeit nicht. Das erste Auto hat die einzige Straße dieser Insel erst im Jahr 1947 erreicht. Und Strom den ganzen Tag über gibt es hier sogar erst seit 1970! Aber dazu muß man wissen, daß auf Saba noch nicht einmal tausend Menschen wohnen.

Besonderheiten

Einer der beliebtesten Tauchplätze Sabas ist das Tent Reef (Zeltriff). Dieses kleine Riff mit unregelmäßiger Kontur ist großzügig mit Gorgonien und Schwämmen bestanden. Sie sind vergleichbar den Sträuchern im Garten, indessen handelt es sich aber um Tierstöcke. Die Schwämme repräsentieren die primitivsten mehrzelligen Lebewesen der Tierwelt. Sie sitzen am Platz fest und filtrieren ununterbrochen Mikroplankton aus dem Wasser.

Im klaren und flachen Wasser des Tent Reef stößt man auf viele, stark verzweigte Schwämme der Art *Callyspongia vaginalis*. Diese Art ist typisch für Wassertiefen bis zu 20 Meter. Die bläuliche Art *Callyspongia plicifera* ist von etwas untersetzterem Wuchs. Das Tent Reef geht an seinem Ende in einen Steilabfall über, der bis auf 30 Meter Tiefe reicht. Das ist der Lebensraum des Riesenschwammes *Xestospongia muta*, der bis zu zwei Meter groß werden kann. Die größten von ihnen sind älter als ein Jahrhundert! Sie stehen ab 30 Meter bis zu etwa 40 Meter. Die größten Riesen dieser Art haben wir an dem Tauchplatz Needle in the Eye (Nadel im Auge) gefunden. Dieser Tauchgang wird offiziell selten angeboten, da er über 40 Meter Tiefe hinausgeht. Aber die Felsnadel, die hier aus großer Tiefe emporragt, hinterläßt eine Erinnerung, die man nicht missen möchte. Diese einfache und beeindruckende Schönheit der Tiefe . . .

Unser Kommentar

Die Schwämme bestimmen das typische Erscheinungsbild der karibischen Riffe mit. Sie mögen manchem Taucher banal erscheinen. Wenn man sie aber näher betrachtet und vor allem ins Innere der Trichter blickt, entdeckt man häufig Tiere, die daran und darin zu leben pflegen, namentlich Schlangensterne, Krebstiere – und gelegentlich sogar ein so großes Tier wie einen Zackenbarsch.

1 Die Grunzer (Gattung *Haemulon*) halten auf Distanz und wirken im übrigen immer so, als hätten sie die Unterwasserwelt zu bewachen.

2 Etwas mehr Zutrauen haben gewöhnlich die Goldstreifengrunzer *(Haemulon aurolineatum)*, die vor allem im Schwarm wenig scheu sind.

THE WALL
Wacht der Grunzer

SCHWIERIGKEITSGRAD	★ ★ ★
QUALITÄT DER TAUCHPLÄTZE	★ ★ ★
SONSTIGE SEHENSWÜRDIGKEITEN	★ ★

Entlang einer wunderschönen Steilwand, die bis auf eine Tiefe von 300 Meter führt, paradieren Schwärme von Grunzern. Ihren Namen verdanken sie dem Grunzton, den sie ausstoßen, wenn sie aus der Ruhe gebracht werden ...

Praktische Tips

»Statia« nennen die Vertrauten diese Insel mit Kurznamen, die im Dreieck mit Saint-Barthélemy und Saba zusammensteht. Dort haben wir während einer einwöchigen Kreuzfahrt angelegt. Die 6,5 Kilometer lange und 3 Kilometer breite Inselmasse wurde von zwei Vulkanen aufgebaut, die heute erloschen sind. Statia hat lange Zeit im Handel für den karibischen Raum eine große Rolle gespielt. Seit seiner Entdeckung durch Christoph Kolumbus im Jahre 1493 hat es zweiundzwanzig Mal die Nationalität gewechselt. Heute ist die Insel niederländisch. Ihr Erscheinungsbild dagegen ist eher englisch, und das nicht nur, weil die englische Sprache hier am weitesten verbreitet ist. Ein achtseitiger Führer, der »Walking Tour Guide«, ermöglicht einem die Entdeckung der Inselhistorie.
Das Tauchen ist heutzutage sehr im Aufschwung begriffen. Es wird von der Basis Surfside Statia organisiert, die mit einem komfortablen Zwölf-Meter-

Boot zu den Tauchplätzen ausfährt. Die Basis liegt in einem angenehmen, aber auch sehr teuren Hotel, The Old Gin House.

Besonderheiten

Die mittlere Wassertemperatur liegt zwischen 24 und 26°C. Im Sommer findet man sehr gute Sichtbedingungen unter Wasser vor. Das ist die erträumte Gelegenheit, um an dem großen Steilabfall The Wall zu tauchen. Er liegt südlich der Insel und ist die natürliche Verlängerung des höchsten Berges, The Quill genannt. Man taucht ab auf eine Art Korallentreppe, die langsam in die Tiefe führt. Auf einer Tiefe von 30 Meter beginnt die Wand und stürzt steil bis auf etwa 300 Meter ab. Das Bewußtsein um diese Tiefe ist die Würze beim Tauchen hier, und gleichzeitig hat man dieses außerordentliche Erlebnis der Schwerelosigkeit, das nur der Taucher vollständig erleben kann. Gut austariert mit seinem Jacket, schwebt man über dem Abgrund und hat die Gelegenheit, die zahlreichen Fische zu beobachten, die diesen Ort bevölkern. Zahlenmäßig herrschen eindeutig die Grunzer vor. Sie stehen meist in dichten Schwärmen und stoßen ein charakteristisches Grunzen aus, wenn man sie belästigt oder wenn sie erschreckt werden. Die Grunzer sind mit den Schnappern nahe verwandt.

Sie sind aber nicht so zutraulich, sondern halten Distanz zum Taucher. *Haemulon aurolineatum*, der Goldstreifengrunzer, ist der häufigste hier. Er steht in Schulen von fünfzig bis hundert Individuen zusammen. Eine gewisse Verwechslungsgefahr ist gegeben mit *Haemulon flavolineatum*, dem Französengrunzer, bei dem das gelbe Farbkleid mit blauen Streifen verziert ist. Der Margate-Grunzer *(Haemulon album)* zieht tieferes Wasser vor. Er ist leicht an seiner grauen Färbung ohne weitere Muster zu erkennen. Dies ist die größte Art unter den Grunzern. Er steht immer nur in wenigen Exemplaren zusammen und nähert sich auch schon einmal neugierig dem Taucher, wenn dieser sich ruhig verhält.

Unser Kommentar

Das Tauchen an diesem großen Steilabfall ist recht beeindruckend, denn hier verspürt man – vor allem, wenn das Wasser klar ist – den schwindelerregenden Eindruck des Schwebens über der großen Tiefe. Aber das Fehlen jeglicher Strömung, die Wärme des Wassers und das angenehme Klima machen dies zu einem Abenteuer, das auch der Taucher mit mittlerer Leistungsfähigkeit erleben kann. Natürlich gehört dazu eine erfahrene Begleitperson!

2

1 Wenn man die Seescheiden studieren und fotografieren will, muß man über eine Makro-Ausrüstung verfügen.

2 Die seltsamen Krustenseescheiden haben sich auf einer Gorgonie festgesetzt.

3 Mehrere Arten hübsch gefärbter Seescheiden, alle der Gattung *Clavelina* zugehörig, haben sich hier dicht beeinander festgesetzt.

4 Besonders interessante Formen zeigt die Knopfseescheide *Distaphia corolla.*

5 Der Eintrittstrichter der gelben Seescheide *Polycarpa obtecta.*

STATIA
Die Mauer aus Seescheiden

SCHWIERIGKEITSGRAD	★ ★
QUALITÄT DER TAUCHPLÄTZE	★ ★ ★
SONSTIGE SEHENSWÜRDIGKEITEN	★ ★

St. Eustatius, diese kleine, verträumte Insel, könnte binnen kurzer Zeit zu einem bedeutenden Reiseziel für die Taucher werden, wenn die Schönheit dieser Tauchgründe erst einmal bekannt ist . . .

Praktische Tips

Diese Insel, von den Holländern offiziell Sint Eustatius bezeichnet, wird meist kurz nur Statia genannt. Sie liegt nicht weit von Saba und besitzt ebenfalls große, senkrecht abfallende Steilwände, aber das hat sich unter den Tauchern noch nicht so recht herumgesprochen. Man erreicht Statia über St. Maarten, von wo die Fluggesellschaft Winair täglich zwei Flüge anbietet.

Getaucht wird auf der Insel erst seit 1985. Die Riffe sind also noch wenig besucht und deshalb gut erhalten. Neuerdings wird das Tauchen von der Basis Surfside Statia organisiert. Dieses Tauchzentrum hat sich auch darauf spezialisiert, historische Objekte zu bergen, die in den sehr zahlreichen Wracks in dieser Region noch zu finden sind. Man veranstaltet deshalb auch spezielle Expeditionen mit archäologischem Ziel. Alle Fundgegenstände werden dem örtlichen Museum übergeben. Die Franzosen werden hier ihre Unterkunft im Hotel La Maison sur la Plage nehmen, das paradoxerweise drei Kilometer vom Strand entfernt liegt, wo sie sich aber wie zu Hause fühlen können. Englischsprachige Taucher logieren sich besser im Golden Era Hotel ein, das den Vorteil hat, direkt neben dem Tauchzentrum zu liegen.

Besonderheiten

Viele Taucher kommen nach Statia der Wracks wegen, insbesondere wegen des Wrackplatzes, den man »Supermarket« nennt, weil dort sieben Wracks an einem Fleck liegen. Allerdings sind diese Wracks nicht mehr gut erhalten. Sie stammen aus der ersten Hälfte des 19. Jahrhunderts. Wohl nur die besonderen Liebhaber der Unterwasser-Archäologie werden diese Tauchgänge genießen. Wen es mehr zur Biologie hinzieht, der sollte vorzugsweise die Tauchplätze Carolyn's Reef, The Garden (Garten) oder The Greenhouse (Treibhaus) besuchen. Es handelt sich dabei um kleine, sehr angenehme Riffe, die man in aller Ruhe betauchen kann, denn es gibt keine Strömung.

Diese Riffe warten mit der karibiküblichen Fauna auf. Uns ist allerdings aufgefallen, daß die Manteltiere hier besonders arten- und zahlreich sind. Diese Gruppe seßhafter Tiere, die man irgendwo bei den Schwämmen einordnen würde, wird von den führenden Wissenschaftlern zu den Wirbeltieren gezählt. Rein äußerlich betrachtet ist es manchmal schwierig, sie von den Schwämmen zu unterscheiden. Es gibt nicht weniger als 1375 verschiedene Arten von Manteltieren, und 1250 davon werden als Seescheiden bezeichnet. Letztere leben, je nach Art, in Kolonien oder solitär. Seescheiden sind auch immer im Biotop mit Schwämmen, Gorgonien und anderen Wirbellosen verbunden. Die Seescheiden sind wie die Schwämme Filtrierer. Das Tier hat zwei Öffnungstrichter: Der eine saugt das Wasser ein, aus dem anderen tritt es wieder aus. Die Seescheide ernährt sich von den Mikroorganismen und dem Plankton im Wasser. Sehr häufig ist die Knopfseescheide *Distaplia corolla*, die in Kolonien lebt. Jedes Tier ist rund und klebt sich an seinem Nachbarn fest. Häufig findet man diese Art auch zusammen mit Krustenschwämmen. Die Seescheiden der Gattung *Clavelina* ähneln kleinen Tönnchen, während die der Gattungen *Didemum* und *Polycarpa* aussehen wie Schwämme.

Unser Kommentar

Ganz zu Recht trägt Statia den Beinamen »Goldinsel der Karibik«. Man glaubt hier noch, in einer anderen Epoche zu leben mit ihren Festungswerken, geschützt von alten Kanonen, und den Wracks aus jener Zeit. Neuerdings werden laufend neue Tauchgründe erschlossen, die dem tauchenden Besucher sowohl Entspannung und Vergnügen als auch Abenteuer versprechen.

2

3

4

5

1 Die mächtige Grüne Muräne *(Gymnothorax funebris)* wirkt mit ihrem weit geöffneten Maul immer bedrohlich.

2 Diese Gefleckte Muräne gehört zur Gattung *Lycodontis.*

3 Diese Grüne Muräne ließ sich von einem Stückchen Köderfisch dazu verlocken, ihren Schlupfwinkel vollständig zu verlassen.

4 Seltener und vor allem bei Nacht trifft man auf den spitzschwänzigen Schlangenaal *(Myrichthys breviceps).*

SALT TAIL REEF
In der Höhle der Schlangenfische

SCHWIERIGKEITSGRAD	★ ★
QUALITÄT DER TAUCHPLÄTZE	★ ★ ★
SONSTIGE SEHENSWÜRDIGKEITEN	★ ★ ★

In einem wunderschönen unterseeischen Park bevölkern unzählige Muränen die Spalten und Höhlen der Korallenblöcke. Diese schlangenähnlichen Fische wiegen sich in der Strömung und zeigen dem Taucher ihre spitzen und drohenden Zahnreihen . . .

Praktische Tips

Seit 1981 bilden Antigua und die benachbarten Inseln Barbuda und Redonda einen unabhängigen Staat. Geografisch gesehen gehören sie zu den Kleinen Antillen.

Antigua liegt auf halbem Weg zwischen St. Christopher-Nevis und Guadeloupe. Der Tourismus spielt eine recht wichtige Rolle für die Insel, die in großem Umfang von den jährlich zweihunderttausend Besuchern abhängt. Bedingt durch die Vergangenheit, wird auf Antigua hauptsächlich englisch gesprochen, und man praktiziert sogar noch den Linksverkehr.

Das Klima ist tropisch, und die Insel ist mit einer entsprechenden Vegetation reich bewachsen. Antigua verdankt seine Beliebtheit als Urlaubsziel den Traumstränden und der guten Ausstattung für alle Arten des Wassersports.

Getaucht wird praktisch rund um die Insel. Das Salt Tail Reef ist ein Unterwasser-Schutzpark. Es handelt sich dabei um ein gut zwanzig Kilometer langes Barriereriff aus Korallengestein, das sich nordwestlich von Antigua erstreckt. Die Tauchplätze sind nicht sehr tief, und das Wasser ist von außerordentlicher Klarheit. Alle Tauchplätze Antiguas sind weniger als zwei Kilometer von den Stränden entfernt. Deshalb kann man auch täglich mehrfach ausfahren. Die Tauchboote sind klein und nehmen nicht mehr als zwölf Taucher auf. Auf diese Weise hat man allen Komfort auf den Booten und kann in Ruhe die Tauchgründe erkunden.

Besonderheiten

Große Fische gibt es am Salt Tail Reef nicht besonders viele. Im Gegensatz dazu sind aber die Korallenformationen besonders schön ausgebildet. Die mittlere Tauchtiefe beträgt an den einzelnen Tauchplätzen ungefähr 12 Meter. Morgens ist das Wasser im allgemeinen am klarsten.

Wir haben in diesen Tauchgründen eine bemerkenswerte Konzentration von Muränen gefunden. Dies erklärt sich zweifellos durch die Bewegtheit des Wassers, das von der Dünung bis hinunter auf die Riffe permanent hin und her gezogen wird. Die Muränen strecken ihren Kopf aus ihrem Schlupfwinkel heraus und wiegen sich in der vor- und zurückschlagenden Strömung. Dieses Hin- und

Herwiegen scheinen sie als sehr angenehm zu empfinden. Muränen haben zwar eine schlangenartige Körperform wie auch die Aale, gehören aber zu den Fischen. Immer noch haftet ihnen der Ruf an, giftig zu sein. Dies ist aber nicht der Fall. Allerdings ist ihr Biß recht schmerzhaft.

Die häufigste Art in diesen Gewässern – und eine der größten – ist die Grüne Muräne (*Gymnothorax funebris*). Dieser beeindruckende Fisch kann über 1,50 Meter lang werden. Er verbirgt sich gewöhnlich in den Höhlen im Riff und läßt nur seinen Kopf herausragen. Mit einem Fischbissen kann man die Muräne jedoch anködern, so daß sie vollständig aus ihrem Unterschlupf herauskommt. Häufig trifft man auf die Gefleckte Muräne (*Gymnothorax moringa*), eine kleine Art mit schlankem Körper. Seltener und hauptsächlich nachts zu sehen sind die gelbgefleckten Schlangenaale der Art *Myrichthys ocellatus* und der spitzschwänzige Schlangenaal *Myrichthys breviceps*. Zu den Besonderheiten dieser beiden Arten gehört es, daß sie sich nicht im Gestein, sondern im Sandgrund verbergen.

Die Muränen haben gewöhnlich ihr Maul geöffnet und zeigen ihre gefährlich aussehenden Zähne im Oberkiefer. Dies ist jedoch keine Drohgeste, sondern so erleichtern sie sich lediglich die Atmung.

Unser Kommentar

Das Salt-Tail-Riff bietet eigentlich ruhige und geschützte Tauchplätze. Jedoch muß man unempfindlich gegen die Seekrankheit sein, denn während des gesamten Tauchgangs wird man von der Dünung hin und her bewegt. Einer der größten Vorteile der Tauchgründe hier ist, daß man sich problemlos den Fischen nähern kann, die sich besonders zutraulich zeigen.

1 Das Weymouth-Riff ist auf das verschwenderischste bevölkert mit den kleinen Putzerfischen. Im Vordergrund sieht man eine rote Gorgonie der Art *Ilicigorgia schrammi.*

2 Ein Pfauenlippfisch *(Thalassoma bifasciatum)* im Entwicklungsstadium eines Supermännchens.

3 Rund um eine Gorgonie der Art *Eunicea tourneforti* hat sich eine Schar junger Pfauenlippfische versammelt, um auf der Putzerstation seine Dienste anzubieten.

WEYMOUTH REEF
Ruhepause an der Putzerstation

SCHWIERIGKEITSGRAD	★ ★
QUALITÄT DER TAUCHPLÄTZE	★ ★
SONSTIGE SEHENSWÜRDIGKEITEN	★ ★ ★

Nicht weit von dem entzückenden Inselchen Sandy Island entfernt lockt ein sehr reich mit Korallen bestandenes Riff unzählige Fische an. Sie kommen hierher, um sich einer kleinen Putzbehandlung zu unterziehen, denn hier unterhalten die Pfauenlippfische mit viel Eifer ihre Putzerstationen . . .

Praktische Tips

Sandy Island ist ein kleines Koralleninselchen mit nur etwa 300 Meter Durchmesser. Es liegt drei Kilometer vor dem Strand von Hawksbill an der Westküste Antiguas. Das Weymouth-Riff, das sich südwestlich von Sandy Island erstreckt, gehört zu den bekanntesten Tauchplätzen der Region. Es verdankt seine Beliebtheit den üppigen Korallenformationen und dem Reichtum an kleinen, bunt gefärbten Fischen. Die meisten Tauchzentren auf Antigua fahren dieses Riff regelmäßig an.

Alle Tauchbasen Antiguas findet man im Hauptort der Insel, St. John's. Die Tauchbasis Aquanaut International arbeitet hauptsächlich mit dem St. James Club und dem Galleon Beach Club zusammen, Dive Antigua dagegen mehr mit dem Hawksbill Beach Hotel am Siboney Beach. Die Basis Dive Runaway liegt, wie der Name es schon ausdrückt, im Runaway Beach Club. Alle diese Tauchzentren verfügen über mindestens zwei Tauchboote, bieten einen Komplettservice nach amerikanischer Manier und unternehmen täglich mehrere Ausfahrten zu den Tauchplätzen am Weymouth Reef.

Besonderheiten

Am Weymouth Reef haben wir besonders ausführlich die sogenannten Putzerstationen beobachten können. Hierher kommen die Fische, um sich von Parasiten und Speiseresten säubern zu lassen. Die Putzerstationen liegen meist, durch einige Gorgonien und Venusfächer geschützt, auf der oberen Fläche von Korallenstöcken. Viele Arten von Fischen machen von diesem Reinigungsservice Gebrauch, darunter insbesondere die Papageifische und die Lippfische.

Der Service selbst wird durch besonders spezialisierte Fische ausgeführt. In diesen Gewässern hier findet man besonders häufig die Pfauenlippfische *(Thalassoma bifasciatum)* als Putzerfische. Allerdings leisten sie diese Putzerdienste nur im Jugendstadium. Man erkennt diese nur etwa zehn Zentimeter langen Fische leicht an ihrem weiß und zitronengelb gemusterten Farbkleid. Sie sind meist in kleinen Gruppen von etwa einem Dutzend Exemplaren versammelt und wirbeln lebhaft in allen Richtungen durcheinander. Wenn sie erwachsen werden, verändert sich das Farbkleid vollständig. Die Fische werden nun im wesentlichen zweifarbig, wobei der Kopf blau und der Körper grün gefärbt ist. Dazwischen verlaufen zwei senkrechte, schwarze Binden. Dieses Farbkleid charakterisiert aber ausschließlich die Männchen. Die Weibchen behalten ihre Jugendfärbung lebenslang bis zu dem – häufig eintretenden – Fall, daß sie einen Geschlechtswechsel durchlaufen und sich in Männchen verwandeln.

Putzersymbiosen der geschilderten Art sind in allen tropischen und ebenso in den gemäßigten Meeren weit verbreitet. Neben den verschiedenen Arten von Putzerfischen betätigen sich auch bestimmte Garnelen mit dieser Dienstleistung. Das ständige Geputztwerden ist für die Fische offenbar überlebensnotwendig, wie Experimente gezeigt haben. Ohne Putzservice breiten sich rasch Pilzkrankheiten und ähnliches aus, und selbst für die Wundheilung scheint das Putzen von Bedeutung zu sein. Neben den geschilderten Putzerstationen gibt es auch den Fall, daß die Putzerfische bei den standorttreuen Tieren, wie beispielsweise den Muränen, regelrechte »Hausbesuche« machen.

Unser Kommentar

Es wäre sicherlich übertrieben, die Tauchplätze von Sandy Island als großartig zu bezeichnen. Aber man hat hier die Gelegenheit zu angenehmen und gemütlichen Tauchgängen, weil es keine Strömungen gibt und das Wasser sehr klar bleibt. Sandy Island, das man übrigens nicht mit dem ebenfalls in diesem Buch vorgestellten Inselchen gleichen Namens vor Anguilla verwechseln sollte, ist schon von weitem daran zu erkennen, daß wenige Meter vom Strand entfernt im Flachwasser das Wrack eines Frachtschiffes liegt.

2

3

1

1 Außerordentlich auf-
fallend ist die Klebe-
krabbe *(Mithrax spino-
sissimus)*, die größte
Krabbe im Karibischen
Meer. Die Art ist mit
den Meerspinnen nahe
verwandt.

2 Der hier häufige
Oktopus *Octopus filosus*
entfaltet seine saug-
napfbewehrten Arme,
um sie über seine Beute
zu werfen.

3 Der Leib der Klebe-
krabbe kann über
15 Zentimeter Durch-
messer erreichen. Mit
voll entfalteten Glieder-
armen erreicht das Tier
eine Spannweite von
50 Zentimeter.

CADES REEF
Die Jäger der Nacht

SCHWIERIGKEITSGRAD	★ ★ ★
QUALITÄT DER TAUCHPLÄTZE	★ ★ ★
SONSTIGE SEHENSWÜRDIGKEITEN	★ ★ ★

*In den ruhigen Gewässern Antiguas
bereiten Nachttauchgänge ein
besonderes Vergnügen. Dies ist die
Gelegenheit, auf gewisse, sonst
versteckt lebende Wesen zu treffen.
Dazu gehören insbesondere die
Tintenfische und die Krabben, die
die Dunkelheit nutzen, um aus ihren
Verstecken hervorzukommen und
auf die Jagd zu gehen ...*

Praktische Tips

Auf der Grenzlinie zwischen dem Atlantischen
Ozean und dem karibischen Meer gelegen, ist Antigua unterschiedlichen maritimen Einflüssen ausgesetzt. Die Westküste wird von den sanften Wellen
der Karibik umspült. Im Norden und Osten sind die
anrollenden Wogen des Atlantiks rauher und
manchmal sogar stürmisch.
St. John's, die Hauptstadt Antiguas, ist durch Lini-
enflüge der Fluggesellschaften American Airlines
und Eastern Airlines direkt mit New York und Miami
verbunden. Die Insel weist ein warmes Klima auf,
und die Niederschläge sind selten, dann aber sehr
heftig. Antigua wird auch durch die Feuchtigkeit begünstigt, die der Meereswind heranträgt. Deshalb
ist die Insel mit einer herrlichen Vegetation gesegnet. Die mittlere Wassertemperatur beträgt 26°C.
Am wärmsten ist es zwischen Juli und Oktober.
Antigua war 1493 von Christoph Kolumbus entdeckt
und mit seinem Namen versehen worden, wurde

aber ab 1632 eine britische Kolonie. Außer einer nur einjährigen Periode, in der die Insel unter französischer Herrschaft war, unterlag Antigua immer britischem Einfluß. Seit 1981 ist Antigua unabhängig, blieb aber Mitglied des Commonwealth. Früher war die Inselbevölkerung vollkommen vom Zuckerrohr abhängig, nun aber hat man sich sehr stark dem Tourismus zugewandt.

Besonderheiten

Die Riffe hier sind nicht sehr tief und liegen unweit der Küsten, so daß Antigua sehr gut zum Tauchen geeignet ist. Niemals wird man hier wohl pelagischen Großfischen begegnen. Dafür kann man aber auch in aller Ruhe nachts tauchen.

Für unseren nächtlichen Ausflug haben wir das Cades-Riff ausgewählt. Dieses Riff liegt auf der Trennlinie zwischen Atlantik und karibischem Meer vor dem südlichsten Punkt Antiguas nicht weit vom Blue Heron Hotel entfernt, etwa einen Kilometer dem Strand vorgelagert. Man kann hier nur bei ruhigem Wetter tauchen. Das Riff ist äußerst vielgestaltig gegliedert und weist zahlreiche kleine Höhlen und Grotten auf, so daß man nachts einer sehr unterschiedlichen Fauna begegnen kann. Wir haben vor allem auf die Tintenfische und die Krabben geachtet. Diese zwei verschiedenen Typen von Wirbellosen sind hier sehr verbreitet, es ist jedoch prak-

tisch unmöglich, sie bei Tage zu beobachten. Die Oktopusse sind in den karibischen Gewässern sehr scheu, da sie viele Freßfeinde haben. Nur nachts kommen sie aus ihren Verstecken heraus und zeigen sich im Lampenlicht in sehr unterschiedlichen Farben. Die häufigste Art ist hier *Octopus filosus*, der eine Markierung unter den Augen aufweist. Auf diese Weise kann man ihn vom Gewöhnlichen Oktopus *(Octopus vulgaris)* unterscheiden, den man in diesen Gewässern allerdings nur gelegentlich sieht. Wenn man die Tiere mit der Lampe anleuchtet, wechseln sie sehr schnell die Farbe und geben damit zu erkennen, daß sie sich belästigt fühlen. Dann fliehen sie behende aus dem Lampenlicht, indem sie sich mit ihren Tentakelarmen rückwärtshangeln.

Die Krabben sind erstaunliche Lebewesen, die gleichzeitig bedrohlich und anziehend wirken. Am häufigsten kommen in dieser Region die Klebekrabben *(Mithrax spinossismus)* vor, die an ihren langen Zangen und an der lebhaften Farbe zu erkennen sind. Sie sind nahe Verwandte der Seespinne. Eine verwandte, stärker behaarte Art ist *Mithrax pilosus*. Auch diese größte Krabbe der Karibik kann man hier nachts gelegentlich antreffen.

Unser Kommentar

Wenn man geduldig das Riff absucht und auch ein bißchen Glück hat, sind Nachttauchgänge immer ein besonderes Erlebnis. Eine gewisse Erfahrung ist allerdings Voraussetzung, um diese seltsame, aber wunderschöne Tierwelt zu entdecken, die sich erst hervorwagt, wenn die Sonne untergegangen ist.

4 Der Gewöhnliche Oktopus *(Octopus vulgaris)* ist sehr scheu und verbirgt sich meist zwischen Steinen und unter Überhängen.

1

1 Nahstudie der mäandrierenden Gänge bei der Hirnkoralle *Colpophyllia natans*.

2 Unregelmäßig sind die Windungen bei der Steinkoralle *Diploria strigosa*.

3 Wie ein Blumenstrauß wirkt die Anordnung der Polypen bei der Art *Montastrea annularis*.

4 Gedrungen, dennoch wie eine Spitzenklöppelei wirkt die Steinkoralle *Mussa angulosa*.

5 Recht zutreffend ist der Name *Diploria labyrinthiformis*.

6 Detailstudie der Sternkoralle *Montastrea cavernosa*.

TAUBENINSELN
Korallen im Überfluß

SCHWIERIGKEITSGRAD	★★
QUALITÄT DER TAUCHPLÄTZE	★★
SONSTIGE SEHENSWÜRDIGKEITEN	★★★

Bekannt auch unter dem Namen Reservat Cousteau, sind die Taubeninseln (»Ilets Pigeon«), eine Inselgruppe, in der die Natur noch perfekt erhalten erscheint. Das Wasser ist nicht tief hier, aber klar und warm, und es hat die Korallen im Überfluß gedeihen lassen...

Praktische Tips

Die Taubeninseln liegen westlich von Basse Terre, zwischen Bouillante und Pointe Noire, und sind ein wunderschönes Naturreservat. Die Tauchplätze hier werden von den Tauchern Guadeloupes am häufigsten aufgesucht. Guadeloupe, das die Form eines Schmetterlings hat, ist die größte Insel der Kleinen Antillen. Ihr tropisches Klima wird konstant von den Passatwinden, die vom Atlantik her wehen, aufgefrischt. Die Taubeninseln liegen auf der Karibik-Seite, also windabgewandt. Deswegen kann man dort praktisch das ganze Jahr über bei ruhigem Wasser tauchen.

Auf Guadeloupe gibt es zahlreiche Tauchclubs und -basen, namentlich in den Hotels PLM, La Vieille Tour und Créole Beach. Die Insel ist durch tägliche Flüge der Air France mit dem Mutterland Frankreich verbunden. Auch von Deutschland, Österreich und der Schweiz empfiehlt es sich, über Paris nach Guadeloupe zu fliegen.

2

3

4

5

6

Besonderheiten

Der Status eines Schutzgebietes macht die Taubeninseln zu einem bevorzugten Platz für das Tauchen.
In dem klaren Wasser konnten sich die Korallen im
Überfluß entwickeln. Man trifft hier auf alle in der
Karibik üblichen Arten. Am spektakulärsten sind
die kugelförmigen Steinkorallen. Manche sind bei
der wissenschaftlichen Beschreibung als Sternko-
rallen bezeichnet worden, weil in ihrem Kalkskelett
Tausende sternförmiger Becherchen zu sehen sind,
in denen die Polypen sitzen *(Montastrea annularis, Montastrea carvernosa, Stephanocoenia mi-
chelinii, Eusmilia fastigiata* usw.). Die Polypen
entfalten sich bei Nacht und verwandeln die Koralle in eine prächtige Blume. Viele dieser Stöcke sind
größer als 1,50 Meter im Umfang. Sehr groß werden
auch die verschiedenen Formen der Geweihkorallen *(Diploria strigosa, Diploria labyrinthiformis, Diploria clivosa, Colpophyllia natans* etc.).
Die Stöcke sind so solide, daß sie auch den durch-
ziehenden, heftigen Stürmen widerstanden haben.
Bescheidener im Wuchs sind die pilzförmigen
Korallen, die durch ihre kräftigen Farben, gelegentlich auch durch Fluoreszenz, auffallen
(Mussa angulosa, Mycetophyllia aliciae usw.).
Die Korallen bilden ein komplexes Biotop, das den
Ausgangspunkt für die Nahrungskette des ganzen
Riffs darstellt. Ihr überreiches Vorkommen und ihre
Verschiedenartigkeit in diesem Schutzgebiet zei-
gen, wie wichtig der Naturschutz ist und wie reich
das Meer sein könnte, wenn der Mensch nicht häu-
fig irreparable Schäden anrichten würde.

Unser Kommentar

Die Taubeninseln gehören zu den Tauchplätzen der
Karibik, die man nicht auslassen sollte. Versierte
Taucher können auch weiter Richtung offenes Wasser hinaus schwimmen, wo im Juni 1991 ein künstliches Wrack auf etwa 40 Meter Tiefe versenkt
wurde. Dort stehen heute schon dicke Zackenbarsche und Barrakudas beachtlicher Größe.

7 Die Taubeninseln sind ein
wunderschönes Naturreservat.

7

1

1 Auf einem riesigen Schwamm haben sich zahlreiche Schlangensterne *(Ophiothrix suensonii)* und ein Federstern *(Davidaster rubiginosa)* versammelt.

2 Marie Galante ist eine entzückende, tropische Insel, die zum Entspannen einlädt.

3 Der Becherschwamm *Xestospongia muta* erreicht riesige Wuchsformen. Hier ist ein Exemplar mit zahllosen Schlangensternen übersät.

MARIE GALANTE
Sterne aus Seide

SCHWIERIGKEITSGRAD	★ ★
QUALITÄT DER TAUCHPLÄTZE	★ ★ ★
SONSTIGE SEHENSWÜRDIGKEITEN	★ ★

Im Herzen eines wenig erforschten Riffs dienen riesige Becherschwämme unzähligen Schlangensternen als Behausung. Diese zerbrechlichen Sterne mit ihren seidigen Armen sind peinlich genaue Putzer und spielen damit eine unverzichtbare Rolle im Ökosystem ...

Praktische Tips

Marie Galante ist eine Guadeloupe vorgelagerte kleine Insel und gehört verwaltungsmäßig zu dieser Hauptinsel. Sie liegt westlich von Basse Terre und ist durch den Canal de Marie Galante von ihr getrennt.

Diese Insel ist ein idealer Ort zur Entspannung und zur Ruhe und hat sich den Charakter einer Tropeninsel mit kreolischer Tradition bewahrt. Die Bevölkerung lebt hauptsächlich vom Zuckerrohranbau. Der Fischfang wird auf traditionelle Weise betrieben, so daß die Riffe noch in gutem Erhaltungszustand sind. Den hübschen Namen (zu deutsch »zuvorkommende Maria«) verdankt die Insel Christoph Kolumbus. Als er sie vor fünfhundert Jahren am 3. November 1493 entdeckte, gab er ihr den Namen von einer seiner Karavellen. Die nicht sehr hohe Insel hat eine originelle, leicht gerundete Form, und an einigen Stellen fallen Klippen steil ins Meer ab.

Zum Tauchen mietet man sich auf Guadeloupe ein Boot, oder man schließt sich direkt einem der Clubs von Grande Terre an, die bei schönem Wetter Tagesausflüge nach Marie Galante unternehmen. Ideal ist es, wenn man ein Segelboot zur Verfügung hat und die einzelnen Buchten in aller Ruhe erkunden kann: Mays, Vieux Fort, Bois d'Inde, Pointe Pisiou, Chapelle, Ballet und andere bekannte Ankerplätze. Hübsch sind auch die kleinen Buchten wie Saint Louis.

Die Hotelinfrastruktur von Marie Galante ist bescheiden, und es gibt auf dieser Insel auch keine professionelle Tauchbasis.

Besonderheiten

Es ist von Vorteil, wenn das Boot mit einem Echolot ausgestattet ist, um so die besten Tauchplätze um Marie Galante aufzuspüren. Im allgemeinen sind die Riffe, die zum Teil von Felsen, zum Teil von Korallen aufgebaut sind, sehr reich. Sie fallen stufenförmig wie eine Treppe bis in große Tiefen ab und sind einfach zu betauchen.

Wir haben überraschenderweise in diesen Gewässern eine außerordentliche Konzentration von Schlangensternen *(Ophiothrix suensonii)* entdeckt. Diese Stachelhäuter sind mit den Seesternen verwandt. Man findet sie auf und in den Schwämmen, namentlich bei den riesigen Becherformen der Art *Xestospongia muta.* Im Englischen werden die Schlangensterne »Zerbrechlicher Stern« (Brittle Star) genannt, weil sie dazu neigen, bei Bedrohung ihre Arme abzuwerfen. Sie spielen bei den Schwämmen die Rolle eines natürlichen Putzers, indem sie sich von mikroskopisch kleinen Organismen und von organischer Substanz ernähren, die sie von der Oberfläche des Schwammes abweiden. Stellenweise waren die Innenwände der Schwämme buchstäblich mit ihnen übersät. Dies ist um so erstaunlicher, als sich diese scheuen Tiere meist nur in der Nacht aus ihren Verstecken herauswagen.

Wenn man aufmerksam zwischen den Schwämmen sucht, kann man auch die kleine Spinnenkrabbe *Stenorhynchus seticornis* finden, deren dreieckiger Körper durch ein langes Rostrum verlängert wird. Dieses Tier läßt sich im allgemeinen vom Taucher nicht einschüchtern, sondern verharrt bei der überraschenden Begegnung regungslos am Platz.

Unser Kommentar

Marie Galante ist eine Insel voller Charme, die zu besuchen unbedingt lohnt, wenn man auf Guadeloupe ist. Getaucht wird an praktisch jungfräulichen Riffen, und man kann – vor allem im Reich der Wirbellosen – interessante Entdeckungen machen.

1

1 Den Bohrschwamm *Cliona carriboea* findet man häufig sogar auf den Venusfächern.

2 Sehr häufig in der ganzen Karibik ist die Art *Agelas conifera*.

3 Wie überpudert mit rosa wirkt die stockbildende Art *Aiolochroia crassa*.

4 Einen Schutzraum für Garnelen bildet oft die große Art *Verongula gigantea*.

LES SAINTES
Goldenen Schwämme

SCHWIERIGKEITSGRAD	★ ★
QUALITÄT DER TAUCHPLÄTZE	★ ★
SONSTIGE SEHENSWÜRDIGKEITEN	★ ★ ★

Les Saintes, die Heiligen, liebenswürdige kleine Inseln, hängen verwaltungsmäßig mit Guadeloupe zusammen. Hier hat das Leben noch den geruhsamen und sanften Rhythmus der Antillen. Die Taucher können sich verführen lassen von der Großzügigkeit der vorgelagerten Riffe ...

Praktische Tips

Die kleine Inselgruppe Les Saintes liegt im Südwesten von Guadeloupe, nur etwa 10 Kilometer von Basse Terre entfernt. Sie besteht aus zwei Hauptinseln – Terre-de-Haut und Terre-de-Bas – sowie sechs von Riffen umgebenen Inselchen, wo die Tauchgründe liegen.

Die dreitausend Bewohner des Archipels sind sehr entgegenkommend und freundlich. Wegen ihres bergigen Charakters findet man auf den Hauptinseln schöne, sehr abwechslungsreiche Landschaften vor. Vom Hügel Chameau aus, der 309 Meter hoch ist, läßt sich die ganze Inselgruppe überblicken.

Man setzt per Boot oder mit dem Flugzeug zu der Inselgruppe über. Von Pointe-à-Pitre aus gibt es täglich zwei Flüge. Man ist hier voll auf den Tourismus eingestellt. Besonderes Ansehen genießen die Restaurants. Ein sehr gut ausgerüstetes Tauchzentrum gibt es im Hotel PLM.

Besonderheiten

Wie meist in der Karibik sind die Riffe hier nicht sehr tief. Selten geht es tiefer als 15 Meter. Das erfreut vor allem die Fotografen, die klares Wasser und gute Lichtverhältnisse vorfinden. Außerordentliche Entdeckungen wird man hier beim Tauchen nicht machen. Dafür aber finden die biologisch Interessierten, was ihre Neugierde befriedigt. Vor allem das Reich der Wirbellosen ist gut vertreten.
Wir waren besonders beeindruckt von der Vielfalt der goldgelb gefärbten Schwämme. Die am häufigsten vorkommende Art, *Aplysina fistularis*, steht in straußartigen Gruppen zusammen, die über einen Meter Durchmesser haben können. Ebenfalls goldgelb in der Grundfärbung, aber wie überpudert mit rosa, ist die verzweigte, einen kompakten Stock bildende Art *Pseudoceratina* (oder *Aiolochroia crassa)*. Sie kommt auch in oranger oder grüner Variation vor. Typisch in seiner Art ist der ballonförmige, mit starken Poren versehene Schwamm *Cinachrya sp*. Er steht vorzugsweise an etwas weniger hellen Stellen. Gewisse Schwämme wirken parasitisch am Riff. Dazu gehört die Art *Siphonodictyon coralliphagum*, ein Krustenschwamm mit kleinen, aufgerichteten Röhren. Dieser Schwamm überzieht den Korallenstock und durchbohrt ihn mit einer Säure, die er ausscheidet. Ähnliches gilt für den Bohrschwamm *Cliona carriboea*, der sich sogar auf Gorgonienzweigen niederlassen kann. Nennen wir schließlich noch den Becherschwamm *Aplysina fulva*, der buschartig wächst, wobei die Zweige ineinander verwirrt sind.

Unser Kommentar

Diese Inseln sind ideal für denjenigen, der einen Erholungsort sucht, an dem er obendrein leichte Tauchgänge durchführen kann. Auch für den Familienurlaub sind sie sehr zu empfehlen.

5 Von der Napoleonsfestung aus hat man einen guten Blick auf die herrliche Bucht von Terre-de-Haut.

6 Durch das Ausscheiden von Säure kann der Bohrschwamm *Siphonodictyon coralliphagum* sich in die Steinkorallen hineinbohren.

1 Nur der »Anker der Barmherzigkeit« zeugt noch von der Schiffstragödie, die sich hier einmal abgespielt haben muß. Das gibt diesem Tauchgang seine besondere Note.

2 Der reiche Bewuchs mit Krustenschwämmen, die in vielen Farben leuchten, schafft eine verzauberte, beinahe außerirdische Stimmung.

BLUE MARINE
Anker der Barmherzigkeit

SCHWIERIGKEITSGRAD	★★
QUALITÄT DER TAUCHPLÄTZE	★★★
SONSTIGE SEHENSWÜRDIGKEITEN	★★★

Ein prächtiger Anker mitten auf dem Riff, gebadet vom warmen und klaren Wasser, läßt die Taucher einige Momente der Geschichte erleben. Er ist ein Zeugnis der Schiffahrt vergangener Jahrhunderte und bewahrt das Andenken an die heldenhaften Seefahrer von einst ...

Praktische Tips

Taucher, die den Südwesten von Martinique besuchen, begnügen sich häufig damit, nur am Diamant-Felsen zu tauchen. Wenn man weniger frequentierte, teilweise begeisternd schöne Plätze kennenlernen will, muß man sich an Dominique Chopard halten. Er ist ein ebenso bemerkenswerter Taucher wie ausgezeichneter Unterwasserführer und kennt jeden Winkel der benachbarten Riffe. Der Club Blue Marine ist im Hotel Diamant Marine untergebracht. Seine beiden Boote können etwa zwanzig Taucher aufnehmen und fahren täglich zweimal aus. Staatlich geprüfte sowie PADI-Tauchlehrer garantieren für ein sicheres und perfektes Tauchen. Jeden Mittag wird ein Schnuppertauchen gratis für die Gäste des Hotels veranstaltet. Eine gute Gelegenheit, das Tauchen auszuprobieren! Das Hotel bietet einen wundervollen Blick auf die Bucht, verfügt aber leider nicht über einen Strand, da es etwas höher liegt.

Besonderheiten

Zehn Bootsminuten vom Hotel entfernt entdeckt man im tiefblauen Wasser einen türkisfarbenen, hellen Fleck. Er verrät das hier liegende Riff. Es ist ein sehr reich bestandenes Riff, eine Art Plateau, das aus großer Tiefe emporsteigt und 15 bis 20 Meter unter der Wasseroberfläche liegt. Hier gibt es nicht sehr viele Fische, aber zum Ausgleich dafür veranstalten Krustenschwämme, Seescheiden und andere Formen der Wirbellosen ein Festival der Farben. Die Liebhaber der Makrofotografie werden entzückt sein über diese endlose Vielfalt. Wer Geduld hat, kann sich auch an die Schwärme kleiner Fische heranwagen, die scheu in den Überhängen und Höhlen am Riff stehen.

Eine besondere Stimmung schafft ein riesiger Anker, der auf Fels- und Sandgrund steht. Unmöglich, bei seinem Anblick nicht an die mutigen Seefahrer der vergangenen Jahrhunderte zu denken, die wagemutigen Seeleute, die sich mit einfachsten Mitteln auf die Ozeane wagten. Dieser Anker zeugt von jenen heroischen Tagen, und zweifellos ist er einmal die letzte Hoffnung für ein Schiff in Gefahr gewesen, der letzte Halt vor einem Stranden im Sturm. Aber von diesem Drama der Vergangenheit ist nichts weiter bekannt, nur der Anker zeugt noch davon.

Der Tauchgang setzt sich auf leicht geneigtem Hang bis zu einer Tiefe von 35 Meter fort, und man kann in großer Vielfalt dicke Schwämme und Hornkorallen bewundern. Dann ist man am Abbruch angelangt, wo der Steilabfall endlos in das große Blau hinunterführt.

Unser Kommentar

Wir haben dieses Riff und überhaupt alle Tauchplätze in der Nachbarschaft des Diamant-Felsens angebetet. Leider muß man heute eine ökologische Veränderung dieser Plätze feststellen, weil sie zu intensiv befischt werden. Hunderte Fisch- und Langustenreusen richten Zerstörungen an und löschen nach und nach das Leben des Riffs aus. Die Fischer sortieren ihr Fänge nicht aus. Arten, die nicht verzehrt werden, werden als Köder benutzt. Im Ergebnis werden die gefangenen Fische immer kleiner, weil die überausgebeutete Natur keine Zeit hat, sich zu erholen. Es wäre wünschenswert, daß die Behörden sich der außergewöhnlichen Schönheit dieses Platzes bewußt werden und Schutzzonen einrichten. Als Beispiel könnte die Schutzzone Cousteau dienen, die man um die Pigeon-Inseln vor Guadeloupe geschaffen hat.

1

1 Der Diamant, ein berühmter Felskegel vor Martinique.

2 Mitten in einer Seeanemone lebt diese kleine, durchscheinende Garnele.

3 Der Bärenkrebs ist hauptsächlich nachts zu sehen.

4 Eng hat der Federstern sich an den Schwamm geschmiegt. Er profitiert wohl von der vom Schwamm erzeugten Wasserströmung.

5 Der zierliche, ins Auge fallende Federhelm eines Röhrenwurms.

DER DIAMANT
Ein Gold-Tauchgang

SCHWIERIGKEITSGRAD	★
QUALITÄT DER TAUCHPLÄTZE	★★★
SONSTIGE SEHENSWÜRDIGKEITEN	★★★

Südlich von Martinique erhebt sich ein kegelförmiger Fels vom Meeresboden, der Diamant. Er ist einer der Haupttauchplätze hier und man kann sich dort nach der langen Anreise über den Atlantik ideal wieder an das Tauchen gewöhnen. Der gesamte Felskegel ist reich und farbenfroh bewachsen und beherbergt eine Vielzahl von Krustentieren ...

Praktische Tips

Claude Cavezzale von der Tauchbasis Sub Diamond Rock ist der beste Kenner dieses Platzes. Seit zwölf Jahren taucht er praktisch täglich hier. Die beste Saison liegt zwischen Dezember und Februar, und das entspricht auf den Antillen dem Sommer. Doch die Tauchsaison wird so gut wie nie unterbrochen. Im Juli und August können tropische Stürme vorkommen, die aber die Tauchaktivitäten meist wenig behindern. Das Wasser hat rund ums Jahr eine Temperatur von etwa 28 °C, und die Sichtverhältnisse sind immer gut.

Nahe bei der Tauchbasis gibt es zahlreiche Hotels, beispielsweise das Novotel Diamant, das Marine Hotel, das Relais Caraïbes und so weiter. Für die Hochsaison heißt es unbedingt im voraus buchen, und dazu zählt in erster Linie das Jahresende. Vom Anlegeplatz des Sub Diamond Rock muß man mit einer Bootsfahrt von etwa fünfzehn Minuten bis zum Tauchplatz rechnen.

Besonderheiten

Hier ist Leichttauchen angesagt. Die Tauchtiefe reicht von 8 Meter an der Landseite bis zu 40 Meter am Steilabfall. Strömung gibt es im Prinzip nur zum offenen Wasser hin. Hält man sich hauptsächlich rund um den Felsen auf, hat man im allgemeinen ruhiges Wasser zu erwarten. Quer durch den Fels zieht sich eine große Spalte, fünf bis sechs Meter breit und gute zehn Meter hoch. Wenn man sie durchschwimmt, wird der Einsatz der Flossen beinahe überflüssig, denn ein von den Brandungswellen erzeugter Schub drückt einen weiter …

Gelegentlich streunen einige Königsmakrelen und Barrakudas vom offenen Wasser her herein und interessieren sich für die Taucher. Aber genauso interessant ist die Welt des Lebens im Kleinen auf dem Fels. In den Spalten sieht man Muränen, Langusten und Trompetenfische. Nähert man sich noch etwas mehr, offenbart sich vor einem der ganze Reichtum der Fauna. Die hübschen Rotweißen Scherengarnelen *(Stenopus hispidus)* strecken dem Taucher drohend die Fühler entgegen, bevor sie sich in drehendem Ballett in Sicherheit bringen. Zahlreiche Schwämme bringen Farbe in die Unterwasserwelt. Sie beherbergen häufig auch Krabben und Schlangensterne. An mehr strömungsexponierten Stellen gibt es viele Röhrenwürmer. Sie entfalten ihre Tentakel und halten sie in die Strömung, die ihnen die Schwebeteile zuführt, von denen sie sich ernähren.

Unser Kommentar

Diesen Tauchplatz sollte man anläßlich eines Aufenthalts auf Martinique unbedingt kennenlernen. Da die Ortsverhältnisse sehr abwechslungsreich sind, kann man hier auch mehrfach tauchen, ohne dessen überdrüssig zu werden. Ganz im Gegensatz zum Image, das der Diamant landläufig hat, können ihn Taucher jeden Niveaus betauchen. Am meisten Genuß und Profit hat man dabei, wenn ein Ortskundiger die Führung übernimmt.

1

1 Die Stadt Saint Pierre steht auch heute noch unter der ständigen Bedrohung des Vulkans Pelée.

2 Die »Roraima« ist ein beeindruckendes Wrack, wegen ihrer tiefen Lage aber nur sehr erfahrenen Tauchern vorbehalten. Hier muß man vor dem Tiefenrausch auf der Hut sein!

3 Der wuchernde, vielfarbige Besatz des Wracks und die Überfülle an Fischen hinterlassen einen unvergeßlichen Eindruck.

SAINT PIERRE
Die Opfer des Vulkans Pelée

SCHWIERIGKEITSGRAD	★★★★
QUALITÄT DER TAUCHPLÄTZE	★★★★
SONSTIGE SEHENSWÜRDIGKEITEN	★★★★

Am Morgen des 8. Mai 1902 zerstörte ein Ausbruch des Vulkans Pelée die Stadt Saint Pierre. Vierzig Schiffe, die auf Reede vor der Stadt ankerten, wurden ebenfalls vernichtet. Heute kennt man nur noch die Liegestätten von zwölf Wracks ...

Praktische Tips

Genau vor der Stadt, in der wundervollen Bucht von Saint Pierre, erreicht man zweihundert Meter vom Strand entfernt schon die ersten Wracks: die »Dahlia« und die »Diamant«. Ihre Liegestelle wird durch Bojen an der Wasseroberfläche gekennzeichnet. Es gibt einige Tauchclubs hier (Carib Scuba Club, Tropicasub, Yacht Club la Galère, Bulle passion, U.C.P.A. usw.), die regelmäßig Besuche an den Wracks organisieren.

Entdecker der Wracks ist Michel Metery, der zur Zeit Direktor des Centre U.C.P.A. von Saint Pierre ist. Keiner kennt diese unterseeischen Relikte und ihre Geschichte besser als er. Die Tiefe der Wracks variiert von 15 Meter (»Le Raisinier«) bis 85 Meter (die »Tamaya«). Die meisten Tauchgänge führen auf 30 bis 50 Meter, was natürlich eine gute Vorbereitung und eine sichere Führung voraussetzt. Strömungen braucht man praktisch nicht zu befürchten, aber die Sichtbedingungen sind sehr unterschiedlich. Man sollte vorzugsweise früh am Morgen tauchen, damit man als erster am Platz ist. Die besten Sichtbedingungen findet man hier im allgemeinen im Frühjahr (März und April) vor. Die Sommerperiode sollte man meiden, weil dann manchmal tropische Tiefs oder sogar Wirbelstürme drohen.

Besonderheiten

Wir haben an der »Roraima« getaucht, einem Dampfschiff mit Besegelung. Dieses Wrack, das auf Sandgrund ruht, ist eines der schönsten von Saint Pierre. Der höchste Punkt des Vorderstevens befindet sich auf 38, das Heck auf 52 Meter Tiefe. Das Schiff steht aufrecht auf dem Kiel, obwohl der Rumpf in drei Teile zerbrochen ist. Kamin und Schornstein liegen auf der Backbordseite auf dem Sandgrund. Betaucht wird vorzugsweise die Vorderpartie des Schiffes, die praktisch noch unversehrt ist. Die inneren Laufgänge sind besetzt mit Steinkorallen und weißen Hornkorallen. Letztere sind *Octocorallia* und ähneln einer weichen Absperrkette, die mit Polypen besetzt ist. Diese Besonderheit hat Commandant Cousteau dazu inspiriert, die »Roraima« das »Wrack mit den weißen Haaren« zu nennen. Der Taucher ist von der besonderen Stimmung dieses Wracks immer sehr beeindruckt. Die »Roraima« brannte übrigens drei Tage lang, bevor sie in die schweigende Welt zu den anderen Wracks hinabsank.

3

2

4

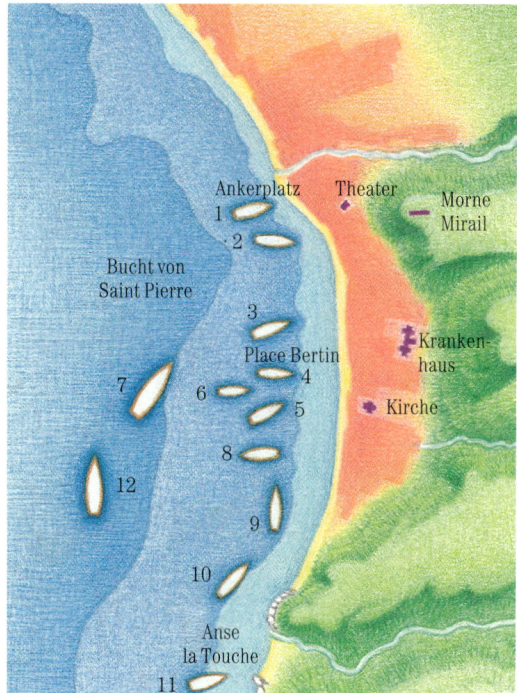

4 Lage und Tiefe der Wracks in der Bucht von Saint Pierre

1 Italienische Yacht: 20 bis 40 m.
2 Segelschiff: bis 50 m auf Sandgrund.
3 »Gabrielle«: bis 30 m.
4 »Dahlia«: bis 30 m.
5 »Diamant«: bis 30 m.
6 Barge im Schlepp der »Diamant«: bis 30 m.
7 »Roraima«: bis 50 m.
8 Zerfallenes Segelschiff: bis 35 m.
9 Großes Segelschiff mit Winde am Bug: bis 30 m.
10 »Teresa Lo Vigo«: 35 bis 40 m.
11 »Le Raisinier«: bis 15 m.
12 »Tamaya«: bis 85 m.

Unser Kommentar

Die Wracks von Saint Pierre sind sehr beeindruckend. Sie sind Zeugen einer der größten Naturkatastrophen in diesem Jahrhundert. 30631 Bewohner von Saint Pierre ließen dabei ihr Leben. Es gab in der Stadt nur zwei Überlebende. Wir empfehlen Ihnen auch einen Tauchgang an der »Gabrielle«, einem Dreimaster, der auf 30 Meter Tiefe liegt. Auch die »Dahlia« und die »Diamant«, deren Visite man bei einem Tauchgang kombinieren kann, sollte man nicht versäumen. Diese beiden 50 Meter voneinander entfernt liegenden Wracks wurden durch die Moniteure des Centre U.C.P.A. mittels einer Führungsleine verbunden.

1

1 Die Taucherin bewundert eine dicht gedrängte Gruppe von Schwämmen an einem Steilhang.

2 Barbados ist der Inbegriff einer Tropeninsel.

3 Dieser Krustenschwamm der Gattung *Clathria* schimmert mit goldfarbenen Reflexen.

4 Nur anhand der Gewebestruktur kann man diesen Krustenschwamm *(Diplastrella megastellata)* vom Gestein unterscheiden.

5 Die strahlenförmigen Adern sind das besondere Erkennungsmerkmal des Krustenschwammes *Raphidophlus venosus.*

BELL BUOY REEF
Lebende Steine

SCHWIERIGKEITSGRAD	★ ★
QUALITÄT DER TAUCHPLÄTZE	★ ★
SONSTIGE SEHENSWÜRDIGKEITEN	★ ★

An der Westseite von Barbados erstreckt sich ein Korallenriff über mehr als 25 Kilometer Länge. Hier ist das Königreich der Krustenschwämme, dieser primitiven Lebewesen mit ihren verschwenderisch gefärbten Mänteln ...

Praktische Tips

Barbados ist ein unabhängiger Staat, der dem Commonwealth angehört. Man könnte es unter verschiedenen Gesichtspunkten ein kleines Stück England, das aber unter tropischem Himmel liegt, nennen. Die Insel ist reich gegliedert und sehr geeignet für den Anbau von Zuckerrohr. Im Inselinneren befinden sich herrliche Landschaften sowie prächtige Gärten und Parks.

Das Tauchen ist auf Barbados sehr gut entwickelt wie generell auch der Tourismus. Allerdings gibt es hier recht wenig Fische, da die Fischerei bis zum Übermaß betrieben wird. Man muß sich also an die fremdartig erscheinenden Wirbellosen oder an die geheimnisvollen Wracks halten, wenn man das Tauchen auf Barbados genießen will. Getaucht wird hauptsächlich an der Westküste, also auf der karibischen Seite. Die Ostküste, an die der Atlantik aufläuft, ist wegen der starken Dünung zum Tauchen nicht so geeignet. Es ist erlaubt, Souvenirs von den

betauchten Wracks abzumontieren, nicht jedoch, die Korallen auszuplündern.

Auf Barbados gibt es zahlreiche Hotels aller Kategorien. Zum Tauchen empfehlen wir Ihnen die folgenden Tauchbasen: Dive Boat Safari im Hilton Hotel, Underwater Barbados im Southwind Beach Hotel oder Willie's Water Sports im Paradise Beach Club.

Besonderheiten

Die Saumriffe, die entlang der gesamten Westküste von Barbados verlaufen, erheben sich auf 15 bis 30 Meter tiefem Meeresgrund. Das Klima ist im allgemeinen gemäßigt und garantiert den größten Teil des Jahres über klares Wasser. Größere Strömungen treten kaum auf, da man vorwiegend im geschützten Bereich weiter Buchten taucht. Das Tauchen ist leicht und gefahrlos, da die Riffe parallel zur Küste verlaufen.

Da wir vom Fehlen der Fische recht enttäuscht waren, haben wir uns den »kleinen Tieren« zugewandt und in den Krustenschwämmen recht interessante Bewohner der Riffe entdeckt. Es handelt sich dabei um Arten mit silikatartigem Skelett, nicht mit kalkartigem, wie vielfach zu Unrecht geglaubt wird. Die Form der einzelnen Schwämme hängt von der Unterlage ab, die sie besiedelt haben. Solche Krustenschwämme können eine Fläche von mehreren Metern Durchmesser überziehen. Je flacher die Krustenschwämme im Wasser siedeln, desto strahlender erscheinen ihre bemerkenswerten Farben. Eine der häufigsten Formen ist die Art *Agelas clathrodes*. Sie wird hier auf Barbados wegen ihrer Größe »Elefantenohr« genannt. Ihre charakteristische Farbe ist orange, und sie kann bis zu zwei Meter im Durchmesser erreichen. Kleiner, aber auch sehr schön gefärbt, ist die rote Art *Diplastrella megastellata*. Man findet sie vorwiegend in den Höhlen und unter Überhängen, denn sie zieht den Schatten vor. An denselben Stellen ist auch die Art *Spirastrella coccinea* verbreitet, die an ihrer rosa Färbung zu erkennen ist.

Unser Kommentar

Barbados ist kein Reiseziel, das man speziell zum Tauchen empfehlen kann. Man kann hier allerdings eine gute Kombination aus allgemeiner Landschaftsreise, Wassersportaktivitäten und Erholung finden. Barbados bietet eine geglückte Mischung aus einerseits modernen, andererseits aber immer noch sehr karibischen Elementen, und seine Bewohner sind von einer seltenen Freundlichkeit.

2

3

4

5

INSELN
UNTER DEM W IND

Bei den europäischen Tauchern sind die Inseln unter dem Wind, die schon nahe am südamerikanischen Subkontinent liegen, noch recht wenig bekannt. Sie reihen sich vor der Küste Venezuelas auf, einem schönen Reiseland mit einer selten reichen Ökologie.

Dieses Land, das zum Teil unter dem Amazonaswald begraben liegt, besitzt auch einige verloren mitten im antillischen Meer liegende Inselchen. Die Tauchgründe dort bieten außerordentliche Erlebnisse, denn man kann auf die großen, pelagisch lebenden Arten treffen, die vom offenen Meer zu den Riffen kommen.

Trinidad und Tobago im äußersten Westen werden unsere erste Station in diesem Teil der Karibik sein. Dieses kleine Land ist ein wichtiger Treibstoffhersteller und schon stark industrialisiert.

Zum Tauchen sollte man auf die kleinere Insel Tobago gehen, die noch urwüchsiger ist. Bonaire, Curaçao und Aruba heißen die drei Inseln der Niederländischen Antillen. Sie gehören zu den Zielen, wo man gewesen sein muß, wenn man die Karibik kennen will, denn ihre Riffe sind abwechslungsreich und meist von Land aus leicht zugänglich.

Alle Inseln unter dem Wind werden von den sanften Passatwinden gestreichelt. Sie empfangen ihre Besucher mit einer entspannten und lebensfreudigen Atmosphäre, die einen vom ersten Besuch an gefangen nimmt. Ihr einziger Nachteil ist, daß sie relativ weit von Europa entfernt liegen, und daß man fliegen muß, wenn man bei einem Aufenthalt in der Region mehrere Inseln besuchen will. Andererseits sind sie eine Entdeckungsreise wert, wenn Sie sich nach neuen Zielen umsehen wollen.

Vorhergehende Seite:
In den sehr fischreichen Gewässern der Los Roques hat man die Gelegenheit, große Grunzer-Schwärme *(Haemulon sciurus)* zu beobachten, und manchmal trifft man auch auf Hochseefische, die sich in die Nähe des Archipels wagen.

Rechte Seite:
Dieser Südliche Stachelrochen *(Dasyatis americana)*, der vor einem Taucher davonfliegt, wurde vor Tobago fotografiert. Die Stachelrochen sind recht häufig, und man findet sie vor allem auf dem Sandgrund vor.

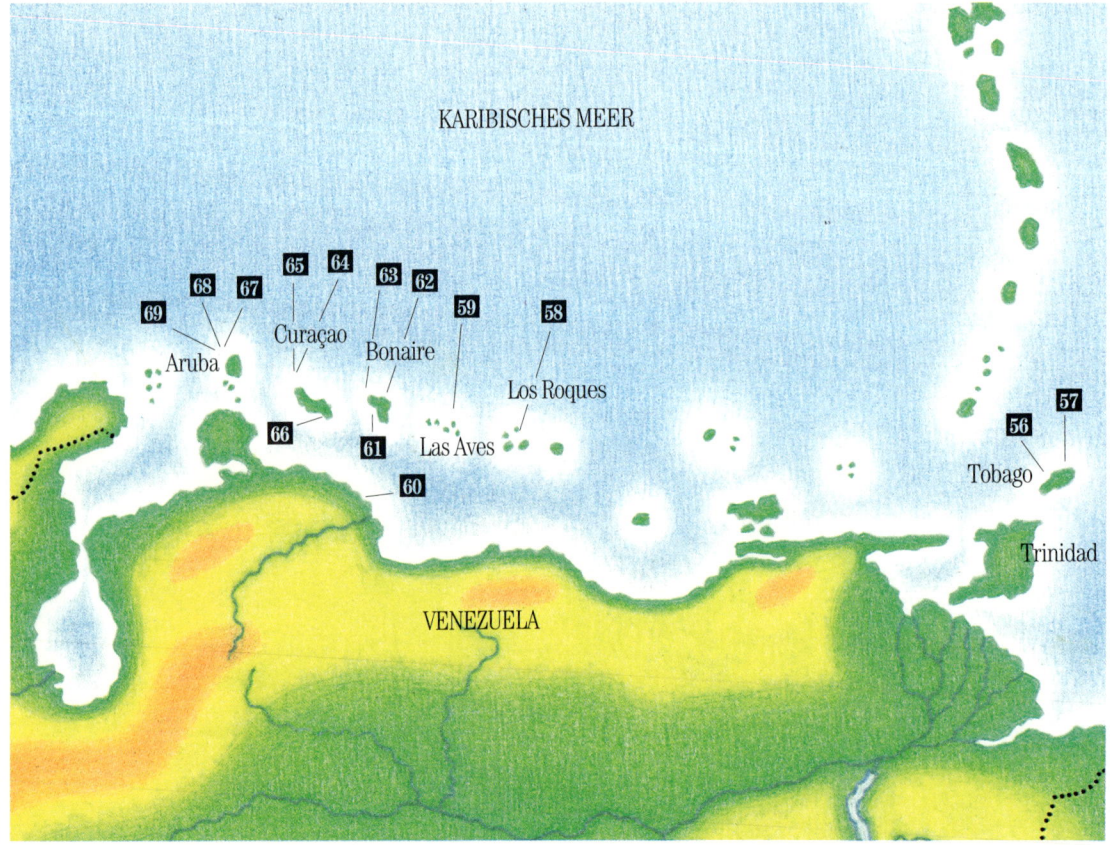

56	Angel Reef
57	Black Forest
58	Los Roques
59	Las Aves
60	Cayo Sombrero
61	Forest Reef
62	Ebo's Reef
63	Dania's Leap
64	Mushroom Forest
65	Sandy's Plateau
66	Piedra Pretu
67	Kantil Reef
68	Golden Island
69	Skalahein Reef

KARIBISCHES MEER

Aruba · Curaçao · Bonaire · Los Roques · Las Aves · Tobago · Trinidad · VENEZUELA

1

1 Die Pferdeaugen-Makrelen *(Caranx latus)* haben einen charakteristischen, gelben Schwanz. Sie schwimmen stets in dichten Schwärmen.

2 Die Strände von Trinidad und Tobago wirken noch beinahe unberührt und sind mit schönen Kokospalmen bestanden.

3 In diesen Gewässern sind wir riesigen Schwärmen von Stachelmakrelen begegnet, die häufig eine richtige Spiralwand aus Fischleibern um die Taucher aufgebaut haben.

ANGEL REEF
Der Samba der Makrelen

SCHWIERIGKEITSGRAD	★ ★ ★
QUALITÄT DER TAUCHPLÄTZE	★ ★ ★
SONSTIGE SEHENSWÜRDIGKEITEN	★ ★

In dem kristallklaren Wasser mit Sichtweiten von über 35 Meter jagen riesige Makrelenschwärme die kleinen Fische, die sich wegen des Überangebots an Plankton hier versammeln. Ein aufregender Tauchgang, bei dem man den Drehschwindel bekommen kann ...

Praktische Tips

Um Tobago, das 1498 von Christoph Kolumbus entdeckt worden war, haben sich Frankreich und England lange gestritten. Seit 1898 ist Tobago mit Trinidad assoziiert. Es bildet inzwischen mit Trinidad einen unabhängigen Staat innerhalb des Commonwealth. Tobago liegt 35 Kilometer nördlich von Trinidad und beherbergt nur vier Prozent der Staatsbevölkerung. Diese wunderschöne tropische Insel steht in dem Ruf, Daniel Defoe für seinen Roman »Robinson Crusoe« inspiriert zu haben.

Die Verehrer der Natur werden diese Insel wegen ihrer reichen Flora und Fauna zu schätzen wissen. Dies gilt insbesondere für den nordöstlichen Teil um Speyside. Das Tauchen wird im wesentlichen von drei bedeutenden Tauchzentren aus wahrgenommen: Dive Tobago Ltd. in Scarborough, Scuba Sports Ltd. in Plymouth und Tobago Scuba Ltd. in Charlotteville. Weil Tobago nicht weit von der Einmündung des Orinoco in das karibische Meer entfernt liegt, sind die umliegenden Gewässer brackig, das heißt vermischt mit Süßwasser. Daraus resultiert ein ungewöhnlicher Planktonreichtum, der wiederum viele Hochseefische anlockt.

Besonderheiten

Der Tauchplatz Angel Reef zeichnet sich dadurch aus, daß das Wasser außerordentlich ruhig und klar ist. Der Name des Platzes leitet sich von der großen Anzahl der hier lebenden Kaiser- und Engelsfische ab. Uns aber hat eher die Überfülle an Makrelen fasziniert. Man muß sich natürlich ein Stück vom Schutz des Riffs wegbewegen, um den Großfischen des offenen Meeres zu begegnen. Ist man einmal im offenen Wasser, und sei es auch nur auf 10 Meter Tiefe, kann aus dem Nichts ein wirbelnder Makrelenschwarm auftauchen. Diese gefräßigen Räuber treten stets in dichten Schulen auf. Hier handelt es sich um die Pferdeaugen-Makrele (*Caranx latus*), die eng mit der Pferdemakrele verwandt ist und dreißig bis sechzig Zentimeter lang wird. Die Fische versammeln sich in dichten Schwärmen, die langsam vor sich hin schwimmen. Aber die Anwesenheit der Taucher scheint sie nervös zu machen. Schnell setzt sich der Schwarm in Bewegung, wirbelt schwindelerregend um den Taucher herum. Da muß man ruhig und gelassen bleiben, seine Luft zurückhalten und seine Bewegungen reduzieren, um in den Schwarm hineinschwimmen zu können. In jedem Fall ist es ein unglaubliches Erlebnis, wenn diese Fische in ihrem vorwiegend silbrigen Farbkleid im Kreis um den Taucher schwimmen und ihn in ihre sinnverwirrende Pirouette einbeziehen. Das Angel Reef liegt direkt neben dem Japanischen Garten, einem anderen, sehr beliebten Tauchplatz Tobagos. Hierbei handelt es sich um ein stufenweise auf 27 Meter Tiefe abfallendes Riff. Es ist reich an Korallen und kleinen Fischen, und neben dem Farbenreichtum kann man hier gelegentlich auf Meeresschildkröten oder sogar Mantas stoßen.

Unser Kommentar

Die europäischen Taucher scheinen Tobago nicht wahrnehmen zu wollen. Dabei ist dieses Tauchziel mit seinem tropischen Charme und seinen spektakulären Tauchplätzen absolut eine Entdeckung wert. Man kann als Taucher sicher sein, Großfischen zu begegnen. Vorsicht ist allerdings am Platz, denn häufig ist Strömung mit im Spiel.

3

2

1 Der Südliche Stachelrochen *(Dasyatis americana)* kann eine Länge von über 1,50 Meter erreichen.

2 Wenn man sich vorsichtig bewegt, kann man sich dem halb eingegrabenen Stachelrochen beinahe bis auf Tuchfühlung nähern.

3 Der Marmorzitterrochen *(Torpedo marmorata)* hat eine runde Körperscheibe. Vorsicht vor seiner elektrischen Ladung!

4 Recht selten und vorwiegend in der Nacht zu sehen ist der Gitarrenrochen *(Rhinobatos sp.)*.

BLACK FOREST
Das Königreich der Rochen

SCHWIERIGKEITSGRAD	★ ★ ★
QUALITÄT DER TAUCHPLÄTZE	★ ★ ★
SONSTIGE SEHENSWÜRDIGKEITEN	★ ★

Unter den mehrere Meter hohen Korallenzweigen schlängeln sich Sandbänder von makellosem Weiß. Sie sind der Lieblingsaufenthalt der zahlreichen Rochen, die bei Annäherung des Tauchers würdevoll davonschweben ...

Praktische Tips

Die beste Zeit für das Tauchen vor Trinidad und Tobago liegt zwischen Dezember und Juni. Die Wassertemperatur bewegt sich durchschnittlich zwischen 23 und 26° C. Zu gewissen Zeiten im Sommer ist das Wasser getrübt. Im allgemeinen aber findet man Sichtweiten um etwa 20 Meter vor.

Auf Trinidad leben etwa 96 Prozent der Bevölkerung dieses Inselstaates. Diese Insel stellt praktisch eine Verlängerung des Subkontinents Südamerika dar, denn die Hauptstadt Port of Spain liegt nur 30 Kilometer vom Festland entfernt. Die sehr reich gegliederte Insel besteht aus einer Aneinanderreihung üppig überwucherter Hügel, da es ausreichend Regen gibt. Die Westseite hingegen profitiert zwischen Januar und Mai von einer Trockenperiode. Auf Trinidad wird in großem Umfang Erdöl gefördert. Das hat zu einer gewissen Steigerung des allgemeinen Lebensniveaus des Landes geführt. Die Schwesterinsel Tobago ist mehr auf den Tourismus ausgerichtet. Sie liegt geschützter gegenüber Wind und Meer, verfügt über eine tropische Traumvegetation und hübsche, palmenbestandene Sandstrände. Mit der Fluggesellschaft BWIA fliegt man in 20 Minuten von Port of Spain nach Tobago. Die Tauchbasis Dive Tobago Ltd. befindet sich im Hotel Sandy Point Beach Club. Die strömungsfreiesten Tauchplätze befinden sich an der Nordseite, während der Süden konstant von den heftigen Wellen des Atlantiks bestürmt wird.

Besonderheiten

Black Forest ist ein großes Riff, das sich mitten im Kanal ausbreitet, der die Inseln Little Tobago und Goat Island trennt. Diese kleinen Inselchen liegen nördlich von Tobago. Hier ist einer der schönsten Tauchplätze der Region, aber die starken Strömungen machen ihn nur für erfahrene Taucher und gute Schwimmer zugänglich. Das Riff senkt sich im Winkel von 45 Grad bis auf eine Tiefe von etwa 35 Meter. Es ist mit ziemlich großen, wie Bäume verzweigten Korallenblöcken übersät. Mit der Strömung stößt man hier auch häufig auf Großfische. Wenn das Wasser dagegen ruhiger ist, kann man sicher sein, im Sandgrund auf halb versteckte Rochen zu stoßen.

Die am weitesten verbreitete Art ist der Südliche Stachelrochen *(Dasyatis americana)*. Dieser große, grau gefärbte Rochen kann eine Flügelspannweite von mehr als 1,50 Meter erreichen. Wenn man ruhig schwimmt und dabei jegliche Bodenberührung bermeidet, ist es möglich, sehr nahe an ihn heranzukommen. Seltener und sehr eigenartig in seiner Körperform ist der Gitarrenrochen *(Rhinobatos lentiginosus)*, den man vor allem in größerer Tiefe antreffen kann. Hier in der Karibik scheint er nicht größer als sechzig Zentimeter zu werden. Seien Sie auf der Hut vor Rochen mit runder Körperscheibe. Meist handelt es sich nämlich um Marmorzitterrochen *(Torpedo marmorata)*, die einen heftigen elektrischen Schlag austeilen können, wenn man sie berührt.

Unser Kommentar

Trotz der häufig heftigen Strömungen bietet Tobago sehr angenehme und wegen ihres Reichtums bemerkenswerte Tauchgründe. Hier trifft man auf die Großfische des offenen Wassers und besonders auf Mantas, die in den Strömungskanälen die Mengen an Plankton finden, die zur Befriedigung ihres Futterbedarfs erforderlich sind.

3

4

5

5 Der Südliche Stachelrochen ist am Schwanzstiel mit einem gezackten, giftigen Stachel ausgestattet.

139

1 Die dichten Schulen der Blauen Doktorfische *(Acanthurus coeruleus)* sind in den Gewässern um Los Roques besonders auffällig.

2 Die kleinen Holzboote der Fischer sind wahre Meisterwerke der Handwerkskunst.

3 In der Erwachsenenform präsentiert dieser Blaue Doktorfisch eine feine, in Längsrichtung verlaufende Streifenzeichnung.

LOS ROQUES
Seminar der Doktorfische

SCHWIERIGKEITSGRAD	★★
QUALITÄT DER TAUCHPLÄTZE	★★★
SONSTIGE SEHENSWÜRDIGKEITEN	★★

Die kleine Inselgruppe Los Roques ist ein Naturschutzgebiet und bietet totale Abgeschiedenheit für die wenigen Segler, die hier vorbeikommen. Im Wasser wimmelt es von farbenprächtigen Fischen. Vor allem fallen große Schulen von blauschwarzen Doktorfischen ins Auge ...

Praktische Tips

Man erreicht die Inselgruppe Los Roques von Caracas aus mit kleinen Flugzeugen einer privaten Verkehrsgesellschaft. Von oben sehen sie wie flache Steine aus, die man in das karibische Meer geworfen hat. Die kleinen Propellermaschinen bieten etwa fünfzehn Passagieren Platz und benötigen 50 Minuten für den Flug.

Nur die Hauptinsel Los Roques ist bewohnt und weist auch einige Hügel auf. Etwa hundert Familien leben hier und ernähren sich ausschließlich von der Fischerei, die sie auf traditionelle Weise ausüben. Ein kleines Tauchzentrum, das von Venezolanern geführt wird, erwartet die wenigen Privilegierten, die als Touristen hierher kommen. Ein namenloses, bescheidenes Hotel reicht aus, um die Bedürfnisse der Taucher zu befriedigen.

Um zu den Tauchplätzen auszufahren, werden große Fischerboote benutzt. Etwa eine halbe Stunde dauert die Anfahrt bis zu den Steilabfällen an den Außenriffen. Nur hier ist das Tauchen lohnend, denn das Innere der Lagune hat zwar klares Wasser, ist aber hoffnungslos leergefischt.

Das organisierte Tauchen steckt auf Los Roques noch in seinen Anfängen, aber man hat bereits beschlossen, ein leistungsfähigeres Boot anzuschaffen, um auch Tagesausfahrten anbieten zu können. Dann wird man an dem 25 Kilometer langen Riff mit Sicherheit schöne Tauchplätze neu entwickeln können. Ein großes amerikanisches Tauchboot kreuzt bereits heute regelmäßig auch in diesen Gewässern auf. Es kommt aus Bonaire und hat eine feste, einwöchige Route.

2

Besonderheiten

Wären auf den Booten nicht die Motoren, könnte man den Eindruck gewinnen, um hundert Jahre in der Zeit zurückversetzt zu sein. Es gibt überhaupt keine touristische Infrastruktur. Das kleine Dorf wirkt ärmlich. Um so schöner sind aber die Riffe: Das große Barriereriff ist in mehrere Abschnitte unterteilt. An der Außenseite stürzen große Steilabfälle in die Unendlichkeit des großen Blaus. Getaucht wird teilweise auf dem Riffplateau, teilweise am Rand der unterseeischen Klippen. Hier am Steilabfall sieht man häufig große, neugierige Zackenbarsche und beeindruckende Barrakudas nach oben kommen. In dem klaren und sauerstoffreichen Wasser über der Riffplatte lassen sich große Fischschwärme von der Dünung wiegen.

Zu Hunderten versammeln sich die Blauen Doktorfische *(Acanthurus coeruleus)* zu wahren Bänken, und man gewinnt den Eindruck, als nähmen sie an einem sehr anregenden Seminar teil. Diese Fische verdanken ihren Namen den weißen oder gelben Klingen, die seitlich an der Schwanzwurzel sitzen. Sie sind sehr scharf und schneiden wie ein Rasiermesser. Jeder Schwarm scheint von einem Ballettmeister angeführt zu werden, auf dessen Kommando die anderen Doktorfische ihr Verhalten abstimmen. Es reicht aus, daß er an einem Stück Koralle herumzubeißen beginnt, und der ganze Rest der Meute stürzt sich ebenfalls auf die Korallen.

Nur die ausgewachsenen Doktorfische stehen in solchen Schulen. Die Jugendlichen und Halbwüchsigen leben alleine. Die ganz jungen Blauen Doktorfische sind völlig gelb gefärbt, wovon bei den Erwachsenen nur noch der gelbe Schwanz übrigbleibt. Ihr sonstiges Farbkleid ist blau, durchzogen mit gelben Streifen.

Unser Kommentar

Wer Ruhe und Einsamkeit sowie die Natur liebt, wird davon auf Los Roques ausreichend finden. Die Tauchplätze sind reich. Aber auch auf der Hauptinsel Los Roques gibt es einiges zu sehen: Vogelkolonien (Pelikane, Fregattvögel, Kormorane usw.) leben hier ohne die geringste Furcht vor dem Menschen. Auf der Westseite, die man nur per Boot erreichen kann, liegt ein großes Vorkommen des smaragdgrünen Malachits. Wenn es Abend wird, nimmt der Fels unerwartete Farbstimmungen in Grün an, und die wenigen mageren Kakteen akzentuieren diese Unwirklichkeit noch.

3

1 Die Ammenhaie findet man meist auf dem Grund liegend, als ob sie sich ausruhen wollten. Diese Haie sind nicht so ungefährlich, wie vielfach geglaubt wird.

2 Wenn er sich bedroht fühlt, kann der Ammenhai auf der Flucht eine bemerkenswerte Geschwindigkeit entwickeln.

3 Ein besonderes Kennzeichen des Ammenhais *(Ginglymostoma cirratum)* sind die weißen Barteln an der Oberlippe.

LAS AVES
Siesta der Haie

SCHWIERIGKEITSGRAD	★ ★ ★
QUALITÄT DER TAUCHPLÄTZE	★ ★ ★
SONSTIGE SEHENSWÜRDIGKEITEN	★

Bei dieser Inselgruppe, die einsam vor der Küste Venezuelas liegt, geben sich die Großfische des offenen Meeres ein Stelldichein. Zahlreiche Ammenhaie lassen sich, gut versteckt in Korallenunterschlüpfen, von der Strömung wiegen. Diese Begegnungen sind immer wieder erregend ...

Praktische Tips

Auch die Inselgruppe Las Aves (die Vögel) gehört – wie die wenige Meilen entfernten Los Roques – zu Venezuela. Der Name läßt sich darauf zurückführen, daß die Inseln ein wichtiges Nistzentrum für Seevögel darstellen. Für den Menschen sind sie ungastlich, und nur kreuzende Segelschiffe legen gelegentlich hier an. Deshalb kann man sicher sein, daß beim Tauchen reichlich Überraschungen auf einen warten, und auch die Landfauna zeigt sich wenig scheu. Weil die Inseln so isoliert sind und dicht an großen Meerestiefen liegen, kann man in diesem Archipel Begegnungen mit den Großfischen des offenen Wassers erleben (sehr große Barrakudas, Thunfisch- und Makrelenschwärme, Haie und so weiter).

Organisierte Tauchfahrten zu den Las Aves von Venezuela aus sind uns nicht bekannt geworden. Es gibt aber ein amerikanisches Tauchboot, das auf seiner Safari zwischen der Isla de Margarita, den

Islas Las Aves und den Islas Los Roques kreuzt. Diese eine Woche dauernde Kreuzfahrt, auf der man jeden Komfort genießt, gerät oft zum Abenteuer, da man Gebiete besucht, die praktisch noch völlig unerforscht sind. Am günstigsten sind die Monate April bis Juli, da dann das Meer ruhig ist.

Besonderheiten

Da die großen Strömungen vom offenen Meer her an ihre Ufer ziehen, sind diese Inseln speziell für die Begegnung mit Großfischen prädestiniert. Wenn man solche erregenden Begegnungen herbeiführen will, muß man sich von den Steilhängen entfernen und ins offene Wasser hinaustauchen. Da hier weniger gefischt wird als auf den Los Roques, sind die Tauchgründe der Las Aves fischreicher. Und die Fische sind kaum scheu, was der Unterwasserfotograf mit Freude vernehmen wird.

Die Las Aves, flach und ungeschützt, müssen die Wut der Stürme und des Meeres über sich ergehen lassen. Die Ankerplätze sind nicht so ruhig wie von anderswo gewöhnt, und der Besucher muß schon seefest sein, um das Stampfen und Rollen des Bootes zu ertragen. Das legt uns nahe, diese Kreuzfahrt nur den erfahrenen und seefesten Tauchern zu empfehlen.

In diesen Gewässern sind wir auf zahlreiche Ammenhaie gestoßen. Die Ammenhaie (Ginglymostoma cirratum), die man meist ruhend antrifft, liegen teils frei auf dem Sandgrund, nur durch eine Gorgonienkulisse gedeckt, oder sie schlüpfen unter einen Überhang oder in eine Höhle. Man er-

kennt diese Art an den beiden Barteln an der Oberlippe und an den zwei gleich großen Rückenflossen. Diese Tiere, die über drei Meter groß werden können, werden oft zu Unrecht als ungefährlich bezeichnet. Richtig ist, daß sie nicht aggressiv sind. Wenn sie aber belästigt werden, zögern sie nicht, den Aggressor kräftig zu beißen. Ihre Zähne ähneln abgerundeten Kauplatten und dienen eigentlich dazu, ihre Nahrungsbeute, die Krustentiere, zu zermalmen. Trotzdem können sie damit schwere Wunden zufügen.

Unser Kommentar

Die Tauchgründe der Islas Las Aves sind recht außergewöhnlich, sowohl wegen der Unerschlossenheit der Plätze als auch wegen der Möglichkeit, auf Großfische zu treffen. Man kann nur hoffen, daß diese schwer zu erreichenden Inseln noch so lange wie möglich ihre Ursprünglichkeit behalten werden. Schade wäre es, wenn der reiche Fischbestand zu viele Fischer anlocken würde, die diesen Garten Eden in blasse Gorgonien- und Geröllgärten verwandeln, wie es sie heute schon vielerorts in der Karibik gibt.

4 Über Wasser wirken die Islas Las Aves wegen ihrer spärlichen Vegetation nicht sehr einladend, aber um so überwältigender ist die Unterwasserwelt.

1 Die Elchgeweihkoralle *(Acropora palmata)* ist aufgrund ihres massiven Wuchses sehr stabil. Sie kann auch im flachen Wasser der Brandung standhalten.

2 Große Büsche der Hornkoralle *Plexaura* sind für die Unterwasserlandschaft des Naturschutzgebietes von Morrocoy typisch.

3 Die zierliche und leicht zerbrechliche Geweihkoralle *(Acropora cervicornis)* gehört zu den am schnellsten wachsenden Arten von Steinkorallen.

4 Die Elchgeweihkorallen ähneln häufig aus Stein gehauenen Spitzenklöppeleien.

CAYO SOMBRERO

Das jungfräuliche Riff

SCHWIERIGKEITSGRAD	★★
QUALITÄT DER TAUCHPLÄTZE	★★
SONSTIGE SEHENSWÜRDIGKEITEN	★★★

Die Morrocoy-Inseln sind ein totales Schutzgebiet und vereinen sowohl einen Meeresschutzpark als auch ein Vogelreservat in sich. Vor der Mangrovenküste rund um die unerschlossenen Tropeninseln scheint ein wunderschönes Korallenriff wie neugeboren zu sein . . .

Praktische Tips

Vier Wegstunden westlich von Caracas, zwischen den beiden kleinen Dörfern Chichiriviche und Tucacas, liegt das herrliche Naturschutzgebiet von Morrocoy, ein Vogelreservat und gleichzeitig ein Paradies für die Taucher. Seine 32 000 Hektar kristallklarer Wasserfläche stehen unter totalem Schutz. Sie umspülen hübsche, unbewohnte Inselchen mit makellosen Sandstränden. Im Mangrovendickicht verborgen liegen einige Bootsanlegestellen. Erst seit kurzem wird in diesen Gewässern getaucht. Eine Autostunde entfernt, in der großen Stadt Valencia, hat sich eine PADI-Tauchbasis niedergelassen. Sie organisiert Tagesausfahrten nach Morrocoy. Die Infrastruktur ist noch nicht sehr entwickelt, aber wer das Glück hat, Morrocoy zu besuchen, wird dort bereits einige prächtige Yachten vorfinden, die reichen Venezolanern gehören. Sie verleihen diesen Inseln am Ende der Welt einen unerwartet luxuriösen Anstrich.

In den benachbarten Dörfern gibt es einige kleine Hotels, wo die wagemutigen Besucher mit Herzlichkeit empfangen werden. Möglicherweise wird Morrocoy binnen weniger Jahre internationale Bekanntheit erringen. Bleibt zu hoffen, daß diese Entwicklungsperspektiven nicht die bis heute wunderbar intakte Natur beeinträchtigen werden.

Besonderheiten

Das Boot läuft auf einen der Sandstrände auf, und die Taucher bereiten sich in aller Bequemlichkeit direkt im Wasser vor. Einige Flossenschläge genügen, um in ein herrliches Aquarium hineinzutauchen, in dem es Korallen im Überfluß gibt. An diesen bislang wenig betauchten Plätzen kann man die Korallenformationen noch perfekt erhalten bewundern. Man ist versucht zu sagen: Ein ganz neues Korallenriff ohne Fehl und Tadel. Der Taucher läßt sich sacht bis zu einer Tiefe von etwa 20 Meter sinken, wobei er über die langen, zerbrechlichen Äste der Geweihkorallen *(Acropora cervicornis)* schwebt. Wenn er in deren Labyrinth eindringt, begegnet er hier und da auch den beeindruckenden Formationen der Elchgeweihkorallen *(Acropora palmata)*. Diese Art ist massiger und fester und wirkt wie Spitzenklöppelei aus Stein. In diesen geringen Tiefen mit dem unglaublich klaren Wasser findet man auch die buschartigen Hornkorallen wie beispielsweise die Art *Pseudopterogorgia americana*. Sie fühlt sich bei Berührung klebrig an und ist sehr verzweigt. Auch andere, nahe verwandte Familien und Gattungen von Hornkorallen wie *Eunicea*, *Eunicella* und *Plexaura* sind reichlich vertreten. Ihr Kennzeichen ist die gablige Verzweigung der Äste. Bei ihnen sind außerdem sehr häufig die Polypen auch bei hellem Tageslicht entfaltet.

Von der Vielfältigkeit und Großartigkeit dieses Riffs ist man förmlich verzaubert. Wer hingegen eher an Fischen interessiert ist, wird enttäuscht sein. Aus unerklärlichen Gründen scheinen diese flachen Gewässer entvölkert zu sein. Hat man allerdings den Korallengarten hinter sich gelassen und dringt in größere Tiefen zu den Steilabfällen vor, stößt man dort unten auf versteckte Schwärme von Doktorfischen, Makrelen und Barrakudas.

Unser Kommentar

Das Tauchen beeindruckt einen schon wegen der Klarheit des Wassers und der Farben des Riffs. Aber noch stärker ist der Eindruck, den die unzähligen Vögel hervorrufen, die sich zum Abend in kreischenden Kolonien im Geäst der Mangrovenbäume versammeln. Man kann dort vor allem eine rote Ibis-Art beobachten, so zahlreich, daß die Büsche rot erscheinen. Wenn ein Schwarm in der untergehenden Sonne auffliegt, erlebt der Betrachter ein unvergeßliches Schauspiel. Dies ist ein selten kostbares Schutzgebiet, das hoffentlich alle seine Reichtümer wird bewahren können.

1

1 Der Königin-Engels-fisch *(Holacanthus ciliaris)* gehört zu den schönsten Fischen in den karibischen Gewässern.

2 Sachte und graziös bewegt sich der Königin-Engelsfisch, der recht häufig ist. Wegen seiner einerseits neugierigen, andererseits furchtsamen Art bereitet er dem Taucher viel Vergnügen.

3 Mit seinen außerordentlich lebhaften Farben bereichert der Königin-Engelsfisch die Rifflandschaft.

4 Weniger häufig trifft man die Felsenschöne *(Holacanthus tricolor)* an deren Farbkleid in Gelb und Schwarz sehr kontrastreich gezeichnet ist.

FOREST REEF
Die Königin der Engel

SCHWIERIGKEITSGRAD	★★
QUALITÄT DER TAUCHPLÄTZE	★★★
SONSTIGE SEHENSWÜRDIGKEITEN	★★

An der südwestlichen Spitze von Klein Bonaire beherbergt ein unglaublich farbenfrohes Riff eine unendlich erscheinende Vielfalt von Fischen. Der hervorstechendste unter ihnen, in allen Farben schillernd und mit graziösen Bewegungen, trägt den kennzeichnenden Namen »Königin der Engel«...

Praktische Tips

Klein Bonaire liegt dem Hauptort Bonaires, Kralendijk, vorgelagert und weist nur einen kümmerlichen Bewuchs von Trockenpflanzen wie Kakteen auf. Bewohnt wird es von Vögeln und Leguanen, auf den Menschen jedoch wirkt es wenig einladend. Der Insel vorgelagert sind dafür aber herrliche Tauchgründe, auf die sich ein guter Teil der Tauchaktivitäten Bonaires konzentriert. Die wichtigsten Tauchzentren Bonaires befinden sich in Reichweite, und man benötigt kaum zwanzig Minuten, um hierher zu gelangen. Da Klein Bonaire stets im Windschatten liegt, kann man hier bei allen Wetterbedingungen rund ums Jahr tauchen.
Unter den zahlreichen Tauchbasen auf Bonaire haben wir zu unserer Betreuung das Carib Inn Dive ausgewählt. Es verfügt über zwei Boote, die jeweils etwa fünfzehn Taucher bequem aufnehmen können. Je nach Tauchziel nimmt man pro Ausfahrt eine oder auch zwei Flaschen mit.

Wer eine naturbelassene Landschaft und vor allem die Vogelbeobachtung liebt, wird seinen Besuch auf Bonaire sicherlich genießen. Es gibt hier zwei Naturschutzgebiete, wo die rosa gefärbten Flamingos leben; das eine Gebiet liegt im Süden, das andere im Norden der Insel. Versäumen Sie auch nicht den Besuch des Washington-Nationalparks, wo man einige der 126 einheimischen Vogelarten – insbesondere Papageien – beobachten kann.

Besonderheiten

Das Riff vor Klein Bonaire senkt sich sachte von 3 auf 30 Meter. Der Tauchplatz Forest Reef beeindruckt vor allem durch die Fischdichte. Hier stößt der Taucher auf Muränen, Kofferfische, Papageifische und sogar Stachelrochen. Die Makrofotografen werden sich über die unzähligen Garnelen und über Schwarze Korallen freuen. Aber die großen Stars dieses Tauchplatzes sind die Kaiserfische (im Englischen und Französischen abweichend vom deutschen Sprachgebrauch als »Engels«-Fische bezeichnet).

Blau und Gold sind die Farben des Königin-Engelsfisches *(Holacanthus ciliaris)*, der »Königin der Engel« und gleichzeitig Sinnbild der Karibik. Er trägt Namen und Titel nicht zu Unrecht, denn dieser Fisch ist zweifellos der schönste in diesen Gewässern. Der Königin-Engelsfisch ist recht scheu, so daß es nicht immer leicht ist, sich ihm zu nähern. Gelegentlich ist er allerdings auch neugierig. Am besten ist es, in einem gewissen Abstand stillzuhalten, um ihm die Gelegenheit zu geben, von sich aus auf eine Entfernung von etwa einem Meter an den Taucher heranzukommen. Ein weiterer, sehr häufiger Kaiserfisch hier ist die Felsenschöne *(Holacanthus tricolor)* mit einem charakteristischen Farbkleid in Schwarz und Gold. Dieser Fisch ist sehr territorial. Die Kaiserfische ernähren sich vor allem von den Schwämmen, aber auch von kleinen Krustentieren und von Seescheiden.

3

2

4

Unser Kommentar

Bonaire hat es verstanden, die Natur mit ihrem Bestand an Vögeln zu erhalten. Im Gegensatz dazu betreibt man die Conch-Fischerei so intensiv, daß diese große, zum Verzehr beliebte Muschel im Bestand bedroht ist. Im Fischerdörfchen Lac, das im Südosten der Insel liegt, sieht man riesige Berge leerer Schalen liegen. Da Bonaire vollständig vom Tourismus und vor allem von den Tauchern abhängig ist, erscheint diese Überausbeutung des Meeres widersinnig.

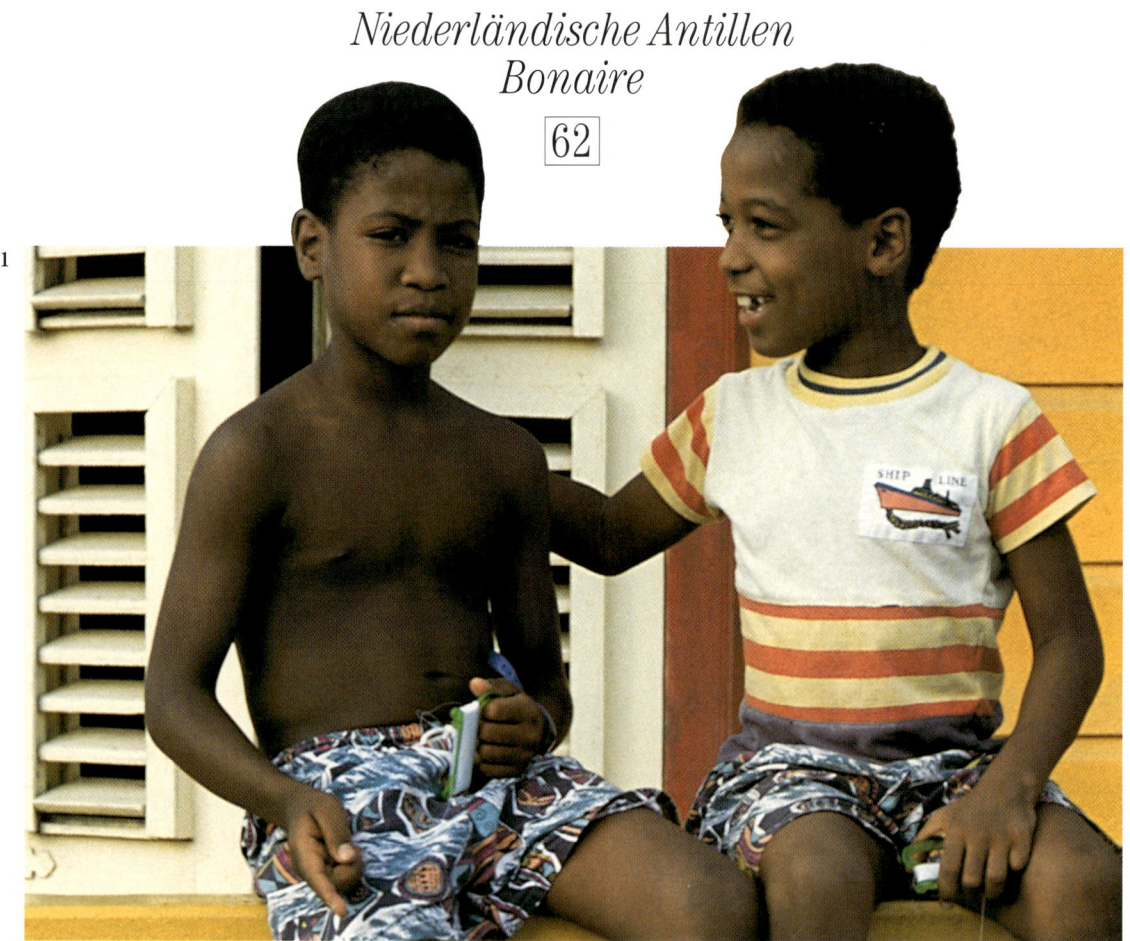

1 **1** Immer gut gelaunt sind die kreolischen Kinder, die dem Besucher lächelnd und neugierig begegnen.

2 Diese Elchgeweih-koralle *(Acropora palmata)* ist über und über besetzt mit den goldfarbenen Polypen der Koralle *Tubastrea aurea.*

3 Die Einzelpolypen der koloniebildenden *Tubastrea aurea* ähneln stark kleinen Seeanemonen.

EBO'S REEF
Korallen mit goldenem Schopf

SCHWIERIGKEITSGRAD	★
QUALITÄT DER TAUCHPLÄTZE	★ ★ ★
SONSTIGE SEHENSWÜRDIGKEITEN	★ ★

In einem kleinen, nicht sehr tief gelegenen Korallengarten schmücken sich große Elchgeweih-korallen mit kleineren, grellfarbenen Arten. Die Korallenpolypen mit ihren tausend Armen bringen Leben in dieses Universum, das bei flüchtiger Betrachtung eher ins Mineralienreich zu gehören scheint als in das Tierreich ...

Praktische Tips

Bonaire erreicht man von Miami oder Caracas aus mit Flügen der Gesellschaften ALM oder Aéro-postale. Letztere ist die älteste kommerzielle Flug-gesellschaft, die regelmäßige, transatlantische Verbindungen im Programm hatte. Berühmte Namen wie Mermoz und Saint-Exupéry haben zu ihrem Ruf beigetragen. Aéropostale wurde von der venezolanischen Regierung an Frankreich zurückverkauft. Alle ihre Flugzeuge sind mit Sitzen Erster Klasse ausgestattet, auch in der Touristenklasse. Direktverbindungen von Europa aus bietet natürlich auch die holländische Gesellschaft KLM an; Abflughafen ist Amsterdam.
Bonaire liegt unterhalb des Hurrikan-Gürtels, so daß die tropischen Wirbelstürme hier niemals auftreten. Beste Saison für einen Besuch sind die Monate April bis Juli. Der Wind ist ganzjährig gemäßigt, so daß man eigentlich immer unter hervorragenden Bedingungen tauchen kann.

Er entfaltet seine durchscheinenden Tentakel in der Nacht oder auch, wenn die Sonne durch dunkle Wolken verfinstert ist. Die Basis der Kolonie überzieht krustenartig den Sitzplatz.

Normalerweise findet man diese Korallen unter den Überhängen der Steilabfälle oder an Höhlenwänden. Wir waren erstaunt, sie in so großer Zahl hier im klaren und lichtdurchfluteten Wasser zu sehen. Bemerkenswert an dieser Koralle ist außerdem, daß sie einen sehr weiten Raum besiedelt hat, denn man findet sie auch in der indopazifischen Region.

Die Hotelanlage Habitat ist ganz auf die Taucher ausgerichtet. Sie wurde 1976 durch den Vorkämpfer für das Tauchen auf Bonaire, Captain Don Stewart, gegründet. Dieses Hotel hat ein ganz persönliches Gepräge und verfügt über ein modernes Tauchzentrum. Hier bietet sich die Möglichkeit, wenn man will, rund um die Uhr zu tauchen, denn die Basis ist niemals geschlossen! Nur 30 Meter von der Bootsanlegestelle entfernt liegt schon ein herrliches Riff. Es ist hervorragend für die ersten Nachttauchgänge geeignet. Der Pauschalpreis für Unterkunft und Tauchen schließt eine unbegrenzte Zahl von Flaschenfüllungen ein. Man kann hier also buchstäblich das Leben unter Wasser verbringen, wie es ja manche Tauchbegeisterten am liebsten täten.

Besonderheiten

Ebo's Reef, an der nordöstlichen Küste von Klein Bonaire gelegen, ist einer der von den Tauchguides des Habitats bevorzugten Tauchplätze. Das Riff fällt langsam von 5 auf 30 Meter ab. Es beginnt bereits oben mit einem richtigen Korallengarten. Bestanden mit großen Elchgeweihkorallen (Acropora palmata), ist dies auch ein Traumplatz zum Schnorcheln. Auf diesen Korallen haben wir einen erstaunlichen Kommensalismus entdeckt. Eine andere Art koloniebildender Korallen, Tubastrea aurea, hat sich auf der Innenseite der großen, aus Kalk aufgebauten Schaufeln niedergelassen. In ihrem weichen Körper bergen diese orangeroten Korallen einen großen, goldgelb gefärbten Polypen.

Unser Kommentar

Die Tauchgänge auf Bonaire haben wir genossen, weil das Wasser so klar und ruhig ist. Die Insel verfügt über einen ganz eigenen Charme. Die Menschen sind liebenswürdig und gastfreundlich. Dieses Reiseziel sollte man in Europa noch besser bekannt machen, denn die Liebhaber des Meeres und der Natur finden hier alles, was geeignet ist, ihnen einen unvergeßlichen Aufenthalt zu bereiten, sei es ein Luxushotel oder auch nur eine bescheidene Familienpension.

1 Die Krötenfische der Gattung *Antennarius* jagen aus dem Hinterhalt. Sie lauern unbeweglich auf einem Stein und können sich diesem in ihrer Färbung total anpassen.

2 Die Art *Antennarius multiocellatus* trifft man meist gelb gefärbt an, wodurch der Fisch vollkommen mit den gelben Schwämmen verschmilzt. Dies ist die häufigste Art von Krötenfischen in der Karibik.

3 Selten einmal sieht man einen Krötenfisch schwimmen. Er wirkt dabei etwas unbeholfen. Gewöhnlich bewegen sich diese Fische nicht von ihrem Platz weg, es sei denn, sie werden gestört.

DANIA'S LEAP
Versteckspiel des Krötenfisches

In einem eindrucksvollen, wunderbar verwinkelten Riff verbergen sich die scheuen Krötenfische, die sich perfekt der Umgebung anpassen können. Nur ein wachsames Auge wird ihrer Anwesenheit gewahr, denn sie verschmelzen förmlich mit der Umgebung ...

Praktische Tips

Bonaire ist ein großes touristisches Zentrum mit einer hochentwickelten Hotel-Infrastruktur. Man verzeichnet über zehn professionelle Tauchbasen. Die wichtigste und wohl am besten ausgerüstete ist zweifellos die Basis Dive Bonaire. Sie gehört zum Tauchunternehmen von Peter Hughes. Dieser Gesellschaft gehören neun über die ganze Karibik verteilte Tauchbasen sowie Tauchkreuzfahrtschiffe. Dive Bonaire ist im Dive Flamingo Beach Hotel untergebracht, das wenige Gehminuten vom Hauptort Kralendijk entfernt liegt. Die Tauchbasis verfügt über drei Tauchboote, so daß sie etwa vierzig Taucher bedienen kann. Das Flamingo Beach Hotel ist sehr angenehm, hat einen schönen Strand und ein auf Pfählen über das Wasser erbautes Restaurant: Man hat bei der Mahlzeit das Gefühl, mit den Füßen im Wasser zu stehen.
Für die täglichen Ausfahrten zu den Riffen stehen fünfzig Plätze in nicht allzu großer Entfernung zur

Auswahl. Die Ausfahrten der einzelnen Basen sind präzise aufeinander abgestimmt, damit jede Basis die Möglichkeit hat, die besten Plätze ungestört von den Booten der anderen Basen anzusteuern. Die wichtigsten Tauchplätze sind mit Ankerbojen versehen, um Beschädigungen der Korallen durch die Anker zu vermeiden.

Besonderheiten

Dania's Leap liegt in der Nähe des Ökologiezentrums Karpata und zählt wegen der außerordentlich guten Sichtbedingungen zu den renommiertesten Tauchplätzen Bonaires.

Die Tiefe reicht hier von 3 bis 40 Meter. Im flacheren Wasser können Tauchanfänger mit Vergnügen das Riff erkunden, das von seltener Reichhaltigkeit ist. Auf den ersten 12 Metern fällt der Hang sachte ab. Dann führt ein mit orangen und violetten Schwämmen bestandener Steilabfall senkrecht zum Meeresgrund hinunter. Ab etwa 20 Meter Tiefe kann man in den Spalten im Riff oder auf den Schwämmen den Krötenfischen begegnen. Die häufigste Art, *Antennarius multiocellatus*, verschmilzt wegen ihrer Färbung – beim erwachsenen Tier meist gelb – vollkommen mit den Schwämmen. Es gibt bei dieser Art allerdings auch rosa oder braune oder sogar gefleckte Formen. Dieses Tier ist in der Tat verwandlungsfähig wie ein Chamäleon. Der Krötenfisch jagt aus dem Hinterhalt, indem er seine »Angel«, einen Nasenauswuchs, wie einen Köder schwenkt. Der Krötenfisch, der unter gewissen Gesichtspunkten mit dem Skorpionsfisch verglichen werden kann, ist vollkommen friedlich und

kann sogar in die Hand genommen werden. Die Maximalgröße dieses kuriosen Fisches beträgt 25 Zentimeter. Andere Arten aus der Familie bleiben noch kleiner. Der Krötenfisch *Antennarius bermudensis* beispielsweise wird nicht größer als zehn Zentimeter.

Unser Kommentar

Dania's Leap ist ein Traumrevier für Unterwasserfotografen. Bei ruhigem Wetter übersteigt die Sichtweite 40 Meter. Gleich daneben liegt der Tauchplatz Rappel. Er ist vom Strand des Ökologiezentrums Karpata aus erreichbar und gilt ebenfalls als ausgezeichnet. Da das Wasser hier praktisch immer ruhig ist, ist dies ein angenehmer Platz für entspannte Tauchgänge.

1 Die Bunten Spiral-
röhrenwürmer *(Spiro-
branchus giganteus)*
siedeln sich in den
Steinkorallen an. Ihre
fein verzweigten Tenta-
kelkronen leuchten in
allen Farben.

2 Wie winzige Weih-
nachtsbäume entfaltet
der Röhrenwurm seine
Tentakelkrone.

3 Die Häuser an der
Hafenfront von Willem-
stad überraschen mit
ihrer typischen hollän-
dischen Bauweise.

4 Große Korallen-
blöcke, die wie Pilze
geformt sind, haben
dem Tauchplatz
Mushroom Forest sei-
nen Namen gegeben.

MUSHROOM FOREST
Der Garten der Liliputaner

SCHWIERIGKEITSGRAD	★
QUALITÄT DER TAUCHPLÄTZE	★ ★
SONSTIGE SEHENSWÜRDIGKEITEN	★ ★

*Mushroom Forest, der Wald der Pilze,
liegt im Norden der Insel Curaçao.
Es handelt sich um einen verwinkelten
Korallenkomplex, wobei die
mächtigen Steinkorallenstöcke
pilzartige Formen entwickelt haben.
Diese lebenden Steine schmücken sich
mit winzigen Röhrenwürmern,
deren tannenförmige Tentakelkronen
in allen Farben leuchten . . .*

Praktische Tips

Willemstad, die Hauptstadt von Curaçao, wird von
Holland aus mit der KLM angeflogen und ist durch
die Fluggesellschaft ALM mehrfach wöchentlich
mit New York, Miami, Puerto Rico und Caracas verbunden. Die Insel, eine flache, 61 Kilometer lange
Platte, mag vom Landschaftsbild her etwas enttäu-
schen. Um so reizvoller ist aber Willemstad mit seinen farbigen Häusern in typisch holländischer Architektur. Dies ist ein Freihafen, und das Einkaufen
steht hier für viele Touristen im Vordergrund.
Da im Hafengebiet eine große Raffinerie liegt, die
Rohöl aus Venezuela verarbeitet, wird Willemstad
auch von großen Frachtschiffen und Tankern an-
gelaufen.
Getaucht wird ausschließlich auf der Westseite der
Insel. Auf der Ostseite gibt es keine schützenden
Buchten, und die Dünung und der vorherrschende
Wind stehen direkt darauf. Aber auch auf der West-
seite ist das Wasser praktisch immer recht bewegt,

so daß man in gutem taucherischem Zustand sein sollte, wenn man auf Curaçao tauchen will.

Der Mushroom Forest gehört zu den schönsten Tauchplätzen im nördlichen Teil der Insel. Alle Tauchbasen der Insel können diesen Platz erreichen. Allerdings haben sie von Willemstad aus recht lange Anfahrten zu bewältigen. Deshalb ist es besser, sich im Coral Cliff Resort an der Santa-Martha-Bucht niederzulassen. Dieses einfache Hotel liegt auf einer Terrasse über einem sehr schönen, weißen Sandstrand inmitten freier Natur. Hier ist die Tauchbasis Master Dive Reef Adventures untergebracht, die etwa zwanzig Taucher versorgen kann.

Besonderheiten

Der Mushroom Forest (»Wald der Pilze)« gehört zusammen mit dem benachbarten Sponge Forest (»Wald der Schwämme«) zu den beliebtesten Tauchplätzen im Norden von Curaçao. Beide Plätze liegen sehr gut geschützt vor Wind und Wellen. Strömung gibt es hier sehr selten, und das Wasser ist immer klar. Hier können auch Anfänger ideal ihre ersten Tauchgänge im Meer wagen, denn die Tauchtiefe reicht nicht über 12 Meter hinaus. Obwohl dieser Tauchplatz recht flach ist, ist er reich gegliedert und interessant zu betauchen. Die riesigen Steinkorallenblöcke, die bunt durcheinanderstehen, formen Höhlen, Löcher und Durchlässe und bilden einen für die Entwicklung vieler Wirbellosen günstigen Lebensraum.

Uns haben besonders die im Überfluß vorkommenden Bunten Spiralröhrenwürmer entzückt. Sie entwickeln eine spiralig gebogene, sehr charakteristische Tentakelkrone. Der Vergleich mit einem Weihnachtsbaum in Miniaturform liegt nahe. Obgleich sie alle nur einer Art angehören *(Spirobranchus giganteus)*, tragen die Individuen viele unterschiedliche Farben. Blau, Gelb, Rotbraun, Orange, Weiß und alle Mischfarben dieser Farbtöne kommen vor. Diese Tiere bohren ihre Wohnröhren in den lebenden Korallenstock hinein und umgeben sich mit einem kalkigen Außenskelett. Gerne stehen sie in dichten Gruppen zusammen. Die Bunten Spiralröhrenwürmer sind sehr scheu und ziehen ihre Tentakel blitzschnell ein, sobald sie die leiseste unnatürliche Erschütterung im Wasser verspüren.

Unser Kommentar

Es ist schade, daß man diese Insel in Europa noch nicht besser kennt. Die meisten Tauchtouristen hier kommen aus den Vereinigten Staaten, wo die sogenannten ABC-Inseln (Aruba, Bonaire, Curaçao) außerordentlich populär sind. Seit einigen Jahren bemühen sich diese Inseln jedoch auch um den deutschen Reisemarkt, und man kann bei Spezial-Tauchreiseveranstaltern günstige Pauschalreisen buchen.

1

1 Myriaden kleiner
Fische umschwirren
graziös die Korallen-
formationen des Tauch-
platzes Sandy's Plateau.

2 Die Riffe vor Curaçao
ähneln mit ihrem rei-
chen Bewuchs einem
richtigen Garten. Sie
sind sehr leicht von
Land aus zu erreichen
und zu betauchen.

3 In den Aushöhlungen
des Riffs finden die
großen Röhrenwürmer
der Art *Sabellastarte
magnifica* schattige
Standorte, wo sie ihre
Tentakelkrone ent-
falten können.

SANDY'S PLATEAU

Quirliges Leben

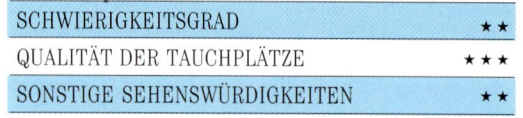

SCHWIERIGKEITSGRAD	★★
QUALITÄT DER TAUCHPLÄTZE	★★★
SONSTIGE SEHENSWÜRDIGKEITEN	★★

*Ganz nah an der Küste beginnt
das Korallenplateau, das sachte in
größere Tiefen abfällt. Es schmückt
sich mit tausend Formen der
Schwämme und Gorgonien aus und
wird von Myriaden kleiner Fische in
allen Farben bewohnt . . .*

Praktische Tips

Es ist zwar leicht, nach Curaçao zu gelangen, aber
angesichts des reichhaltigen Angebots an Tauchbasen fällt es einem schwer, sich für die »richtige« zu
entscheiden. Nicht weniger als fünfzehn professionelle Tauchbasen bieten dem Besucher ihre Dienste an. Die meisten sind den Hotelkomplexen angegliedert. So kommt man also ohne Zeitverlust leicht
auf das Tauchboot. Getaucht wird nach amerikanischer Art, wobei man immer unter der Anleitung
von Tauchlehrern oder -guides bleibt. Noch nicht
einmal die Flaschen muß man zum Boot bringen.
Das nennen wir Tauchen ohne Anstrengung!
Alle Tauchboote sind hervorragend ausgerüstet
und bieten allen denkbaren Komfort. Große Leitern
ermöglichen eine angenehme Rückkehr aufs Boot.
Es gibt frische Getränke an Bord, eine Süßwasser-
dusche für die Fotoausrüstung und Ablageplätze
für die sonstige Ausrüstung. An alles wurde ge-
dacht. Unabdingbar ist die Vorlage eines Ausbil-

dungsnachweises (CMAS oder PADI), der Aufschluß gibt über den Ausbildungsstand. Ohne ein solches Brevet wird man zum Tauchen nicht zugelassen.

Pro Ausfahrt wird nur ein Tauchgang durchgeführt, denn die Tauchplätze führen schnell in größere Tiefen. Zwei- bis dreimal wöchentlich werden auch Nachttauchgänge durchgeführt.

Besonderheiten

Auf Sandy's Plateau beginnt das Riff bei etwa 5 Meter Tiefe und führt dann sachte hinab auf etwa 10 Meter. In diesen geringen Tiefen ist das Tauchen am schönsten. Die Sonnenstrahlen dringen noch bis zum Grund vor und zeichnen herrliche Licht- und Schattenmuster auf den Sandgrund. Das Wasser ist kristallklar. Der Taucher trifft hier auf die gewöhnliche Flora und Fauna der Karibik mit ihrem Überfluß an Gorgonien und Schwämmen aller Arten. Die armreichen Gorgonien der Gattung *Eunicea* sind hier besonders gut vertreten. An diesem Tauchplatz aber sind die bodenständigen Tiere, die eher wie Pflanzen aussehen, umgeben von Myriaden kleiner, farbenfroher Fische. Das macht diesen Korallengarten so lebendig und hält ihn in Bewegung, wie wir das an anderen Tauchplätzen in der Karibik selten einmal gesehen haben. Schöne kugelförmige Gehirnkorallen setzen Akzente im Riff. Wenn man weiter in die Tiefe vordringt, trifft man auf ansehnliche Büsche der Schwarzen Koralle sowie einige Exemplare des »Rühr-mich-nicht-an«-Schwammes *(Neofibularia neotangere)*, bei denen der einfache Hautkontakt ein schmerzhaftes Verbrennungsgefühl hervorruft.

Dies ist ein Tauchplatz, der den weniger erfahrenen Taucher begeistern wird, und auch die Anhänger des Schnorchelns können sich hier tummeln. Mit etwas Glück und Erfahrung lassen sich die Tentakelkronen einiger großer Röhrenwürmer *(Sabellastarte magnifica)* bewundern. Man muß sich ihnen mit Vorsicht nähern, denn bei der geringsten Beunruhigung fährt der Tentakelkranz mit Blitzesgeschwindigkeit ein!

Unser Kommentar

Curaçao bietet nicht nur sehr schöne Tauchplätze, sondern auch ein aufregendes Nachtleben. Die Spielcasinos in den Hotels sind bis zum Morgengrauen geöffnet. Daneben gibt es zahllose Restaurants, Pianobars und Dancings. Dies ist also ein Reiseziel, wo einmal auch die nichttauchenden Begleiter zufriedengestellt werden.

2

3

1 Ein Gebänderter Skorpionsfisch *(Scorpaena plumieri)* liegt regungslos auf dem Sandgrund und wartet auf Beute.

2 Den Feder-Skorpionsfisch *(Scorpaena grandicornis)* erkennt man an dem federartigen Köder, den der Fisch über den Augen trägt.

3 Ein Bestandteil der Tarnung sind die fetzenartigen Hautauswüchse, die zur Anpassung an die Umgebung beitragen helfen.

4 Das Lion's Dive Hotel gehört zu den für Taucher geeigneten Hotelanlagen auf Curaçao.

PIEDRA PRETU

Schlupfwinkel der Skorpionsfische

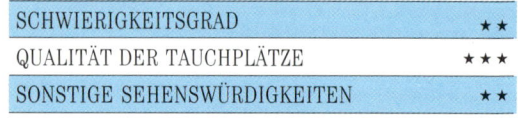

SCHWIERIGKEITSGRAD	★★
QUALITÄT DER TAUCHPLÄTZE	★★★
SONSTIGE SEHENSWÜRDIGKEITEN	★★

In einem Garten aus buschartig wachsenden Schwämmen, der zwischen den Klippen und dem großen Blau überleitet, versteckt sich eine unglaubliche Anzahl von Skorpionsfischen. Mit ihrem der Umgebung angepaßten Kleid sind sie beinahe nicht zu erkennen. Man merkt: Dieses Tier jagt aus dem Hinterhalt heraus . . .

Praktische Tips

Im äußersten Süden der Insel Curaçao liegen zwei berühmte Tauchplätze: Piedra Pretu und Oostpunt. Die Beschaffenheit dieser beiden Plätze ist identisch. Das Riff beginnt im sonnendurchfluteten Wasser nahe bei den Uferklippen auf etwa 6 Meter Tiefe und fällt dann langsam in ein tiefes Blau hinab, das sich ins Unendliche fortsetzt.

Als eines der schönsten Zentren für die Unterbringung von Tauchern wird das Lion's Dives Hotel betrachtet. Es besteht aus mehreren Einzelhäusern, die direkt am Meer errichtet wurden. Das ist sehr praktisch, da die Tauchboote einen sozusagen an der Zimmertür abholen. Die zahlreichen Tauchbasen auf Curaçao haben ihre Ausfahrten präzise aufeinander abgestimmt. Auf diese Weise kommt es nicht zu Ansammlungen mehrerer Boote an einem Tauchplatz. Man hat noch den Eindruck, als Abenteurer in kleinen Gruppen die Riffe neu zu entdecken. Alle interessanten Tauchplätze sind mit

Ankerbojen versehen. Das Boot muß also keinen Anker werfen, um sicher festzuliegen. Auf diese Weise werden die Korallen in den Gebieten, die von den Tauchern häufig aufgesucht werden, ausgezeichnet geschützt. Jeder »Dive shop« bietet zwei Ausfahrten täglich an, wobei jeweils eine Preßluftflasche mitgenommen wird. Vom Norden bis zum Süden gibt es auf der Insel etwa vierzig Tauchplätze, die genau beschrieben und mit Bojen versehen worden sind.

Besonderheiten

Die Unterwasserlandschaft von Piedra Pretu ähnelt eher einem Garten als einem Korallenriff. Wie an vielen Plätzen in der Karibik dominiert die festsitzende Tierwelt gegenüber den Fischen. In diesem riesigen Schwamm- und Gorgoniengarten sind unzählige verschiedene Arten versammelt. Die besondere Attraktion dieses Tauchplatzes ist begründet in der Klarheit des Wassers, die das Sonnenlicht tief eindringen läßt und der Szene einen Ausdruck blendender Lebensfreude verleiht.

Uns hat das überreiche Vorkommen der Skorpionsfische hier besonders überrascht. Unmöglich, ihnen nicht bei jedem Tauchgang mehrfach zu begegnen! Die häufigste Art ist der Gebänderte Skorpionsfisch *(Scorpaena plumieri)*. Der Fisch kann sich vollkommen tarnen, liegt regungslos auf den Korallen oder auf dem Sandgrund und täuscht

einen Stein vor. Er jagt aus dieser Tarnung heraus und wartet, bis sich ein kleiner Fisch unvorsichtig bis in seine Reichweite wagt. Nun muß er nur sein großes Maul schlagartig öffnen, um das Opfer in den Schlund zu ziehen. Auch der Taucher muß sich vor einer unvorsichtigen Begegnung mit dem Skorpionsfisch in acht nehmen, denn dieser verfügt über eine Reihe von Giftstacheln innerhalb der Rückenflosse. Es handelt sich um richtige kleine Giftspritzen, die schmerzhafte Verletzungen herbeiführen können, wenn man damit gestochen wird.

Der Skorpionsfisch ist aber niemals aggressiv und hält geduldig auch für den Fotografen still. Man kann sich ihm sehr dicht nähern und leicht Großportraits von ihm gestalten. Die wenigen Zwischenfälle, die es dabei gegeben hat, waren eher zufälliger Natur. Dennoch ist es empfehlenswert, beim Tauchen Handschuhe zu tragen.

Nur halb so groß wie der vorgenannte ist der Feder-Skorpionsfisch *(Scorpaena grandicornis)*. Er wird selten größer als fünfzehn Zentimeter. Man erkennt ihn an dem federigen Köder, den er oben am Kopf trägt. Diesen richtet er wie einen Köder auf, wenn er die Aufmerksamkeit der Beute auf sich lenken will. Die Art ist recht häufig, aber wegen einer gewissen Furchtsamkeit ist dieser Fisch schwieriger zu beobachten.

Unser Kommentar

Diesen sehr angenehmen Tauchplatz sollte man vorzugsweise am Morgen betauchen, weil dann die Sonne am günstigsten steht. Versäumen Sie nicht, das Aquarium von Curaçao zu besichtigen. Es liegt gleich neben dem Lion's Dives Hotel und ist in seiner Art einmalig. Man trifft hier auf beeindruckende Tiere, vor allem Judenfische von mehr als 100 Kilogramm Gewicht.

1

1 Unbeweglich lauert der Sandtaucher genannte Eidechsenfisch *(Synodus intermedius)* auf dem Sandgrund und wartet auf Beute.

2 Sein riesiges Maul gibt zu erkennen, daß dieses Tier ein beachtlicher Räuber ist.

3 Häufig legen sich die Eidechsenfische auch unter Überhängen im Riff auf die Lauer.

4 Immer ein Lächeln für die Besucher haben die kreolischen Bewohner Arubas.

KANTIL REEF

Eidechsenfische auf der Jagd

SCHWIERIGKEITSGRAD	★★
QUALITÄT DER TAUCHPLÄTZE	★★
SONSTIGE SEHENSWÜRDIGKEITEN	★★

In den Flachriffen Arubas bilden die Korallenbänke zusammen mit den Sandgründen ein bevorzugtes Jagdgebiet für die Eidechsenfische mit ihrem unersättlichen Appetit. Gut getarnt lauernd, lassen sie ihren Opfern keine Chance ...

Praktische Tips

Die drei südlich in der Karibik vor der venezolanischen Küste liegenden Inseln der Niederländischen Antillen werden ihrer Anfangsbuchstaben wegen gemeinhin die ABC-Inseln genannt. Die erste von ihnen, Aruba, ist lediglich 32 Kilometer lang und 10 Kilometer breit und wird von 72 000 Menschen bewohnt.

Aruba ist vor allem wegen seiner Erdölverarbeitung und seiner schönen, weißen Sandstrände bekannt. Dennoch ist auch das Tauchen dort sehr interessant wegen der zahlreichen, bisher wenig strapazierten Riffe. Außerdem haben viele Tauchgänge das Ziel, Wracks zu erkunden. Denn ohne Zweifel findet sich rund um diese Insel die größte Konzentration untergegangener Schiffe in der Karibik überhaupt. Die Ostküste Arubas ist heftigen Winden ausgesetzt. Als Resultat hat sich eine etwas trostlose Landschaft herausgebildet. Die Vegetation besteht hauptsächlich aus Kakteen und eng an den Boden gedrückten Bäumen. Im Nordwesten stößt man auf recht seltsame Felsformationen, die durch die Erosion des Meeres geformt wurden. Die berühmteste unter ihnen ist die »Naturbrücke«, ein 30 Meter langer Bogen aus Naturgestein, der sich 20 Meter hoch über dem Meer hinzieht.

Getaucht werden kann an der gesamten Westküste Arubas, nicht weit vom Hauptort Oranjestad entfernt. Hier am Ort findet man auch die drei bedeutenden Tauchzentren: Aruba Pro Dive, Pelican Watersports Inc. und Aruba Scuba Center. Getaucht wird wie vielerorts in der Karibik auf amerikanische Manier, wobei allerdings bei den Ausfahrten die Zahl der Taucher so beschränkt wird, daß nur in kleinen Gruppen getaucht wird.

Besonderheiten

Das Kantil Reef bildet einen flachen Hang, der von 6 bis 27 Meter Tiefe abfällt und wie ein Garten wirkt mit einzelnen, gorgonienbestandenen Korallenblöcken. Im flacheren Bereich trifft man auf die vielfältigsten Korallenformationen, zwischen denen sich jeweils der Sandgrund hinzieht. Hier ist die Wahrscheinlichkeit groß, daß man auf Eidechsenfische stößt. Sie liegen stets regungslos entweder auf einem Korallenstock, einem Schwarm oder auch auf dem Sand auf der Lauer. Dabei passen sie sich in der Körperfarbe ihrem Untergrund an und verschmelzen förmlich damit, so daß sie fast unsichtbar werden. In der Karibik begegnet man drei Arten von Eidechsenfischen. Der häufigste ist zweifellos der »Sandtaucher« *(Synodus intermedius)*. Dieser bräunlich rot gestreifte Fisch kann eine Länge von vierzig Zentimeter erreichen. Er ist etwas stumpfer gefärbt und größer als der Rote Eidechsenfisch *(Synodus synodus)*. Eine andere geläufige Art ist der Gestreifte Eidechsenfisch *(Synodus saurus)*. Er ist an rautenförmigen braunen Marken am Körper sowie feinen, türkisfarbenen Rückenflossen erkennbar.

Der Eidechsenfisch ist ein gieriger Fresser und jagt kleine Fische. Er lauert buchstäblich wie auf einer Abschußrampe auf dem Grund und stützt sich dabei mit seinen Brustflossen ab. So ähnelt er verblüffend einer Eidechse, woher sich auch sein Name ableitet.

Der Eidechsenfisch ist nicht scheu, und man kann sich ihm sehr dicht nähern. Er ist aber im Notfall in der Lage, mit Blitzesschnelle zu fliehen.

Unser Kommentar

Das Tauchen auf Aruba vollzieht sich in aller denkbaren Sicherheit, denn die ortsansässigen Basen verfügen über eine ausgezeichnete Ausrüstung. Wenn man vor seinem Aufenthalt auf Aruba auf Bonaire oder auf Curaçao war, kommen einem die sehr ähnlichen Tauchgründe wie vertraut vor.

1 Gefährlich für den unbedachten Taucher, aber sehr hübsch, ist der Prachtseeigel *(Astropyga magnifica)* mit seinen langen, leicht abbrechenden Stacheln.

2 Kleine, aber sehr spitze Stacheln trägt das Meerauge *(Tripneustes ventricosus).*

3 Zu den am häufigsten vorkommenden Arten in der Karibik zählt der Felsseeigel *(Echinometra viridis).*

4 Den Möwen dienen die Boote der Fischer von Aruba abends als willkommene Aufsitzplätze.

GOLDEN ISLAND
Ein dorniges Problem

SCHWIERIGKEITSGRAD	★★
QUALITÄT DER TAUCHPLÄTZE	★★
SONSTIGE SEHENSWÜRDIGKEITEN	★★

Wenn man nachts in den wenig tiefen Riffen von Golden Island taucht, trifft man auf die am besten bewaffneten unter den Meereslebewesen. Die Seeigel kommen bei Dunkelheit aus ihren Verstecken heraus, und man muß sehr behutsam darauf achten, wo man seine Hand hinsetzt ...

Praktische Tips

Aruba eignet sich ausgezeichnet für einen Urlaub mit der ganzen Familie. Im Gegensatz zu anderen Inseln, die ganz auf das Tauchen ausgerichtet sind, bietet Aruba auch viele andere Vergnügungen, insbesondere sehr schöne Strände und die Möglichkeit zum Surfen oder zum Fallschirmspringen. Wer gerne angelt, kann auf Bonitos oder Tarpone gehen. Es gibt auf der Insel auch einen sehr schönen Golfplatz – und natürlich, wie überall auf den ABC-Inseln, die unvermeidlichen Spielcasinos.

Bis 1985 stellte die Erdölverarbeitung die Hauptindustrie auf Aruba dar. Aber dieser Wirtschaftszweig hat nachgelassen. Heute ist es der Tourismus, der seit 1988 den ersten Rang einnimmt, und das Tauchen erlebt einen richtigen Boom. Auch wer nicht taucht, kann mit dem Unterseeboot »Atlantis« die Schönheit der Korallengründe kennenlernen. Es führt etwa eine Stunde lang fünfzehn Passagiere durch die Unterwasserwelt, wobei jeder

viridis mit braun-violetten, an der Basis weiß beringten Stacheln. Ganz unverwechselbar mit seinen weißen, in Reihen stehenden Stacheln ist das Meerauge *(Tripneustes ventricosus)*, das vor allem im Flachwasser lebt. Es bedeckt sich häufig mit Algenstücken. Für den Taucher gefährlicher ist der Prachtseeigel *(Astropyga magnifica)*, der sehr lange, leicht abbrechende Stacheln trägt. Beim kleinsten Stich schon bohren sic sich durch die Haut. Wenn man über den Sandgrund schwebt, sieht man häufig den berühmten Sanddollar *(Clypeaster humilis)*. Er ist mit kleinen Borsten bedeckt, die nicht verletzen können. Das Kalkgehäuse dieser Art ist fein und zerbrechlich.

5 Sehr begehrt unter den Conchyliensammlern ist das Kalkgehäuse des Sanddollars *(Clypeaster humilis)*.

durch ein großes Bullauge nach draußen spähen kann. Eine begeisternde Entdeckungsreise: die Unterwasserwelt zugänglich für jedermann.

Besonderheiten

Im allgemeinen sind die Seeigel in den karibischen Gewässern nicht allzu zahlreich vertreten. Die meisten von ihnen haben wir auf Aruba beobachten können, genauer gesagt an dem Riff um Golden Island herum. Golden Island ist eines der zahlreichen Inselchen, die der Westküste Arubas vorgelagert sind. Man weiß, daß die Häufigkeit der Seeigel meist mit dem Vorkommen an organischem Zerfallsmaterial zusammenhängt. Diese Gewässer hier sind aber besonders klar und nährstoffarm. Tagsüber tritt man selten einmal auf Seeigel. Sie verbergen sich in den Spalten des Riffs oder zwischen den Korallenstöcken. Nachts hingegen kommen sie ins Freie, um zu äsen.
Es gibt zahlreiche verschiedene Arten. Der gewöhnlichste ist der Felsseeigel *Echinometra*

Unser Kommentar

Auf Aruba taucht es sich sehr angenehm, obwohl oder auch weil das Tauchen hier eine erst jüngst aufgegriffene Aktivität ist. Viele vergleichen die Tauchgründe hier mit Bonaire vor zwanzig Jahren. Man kommt sich deshalb wie auf einer Entdeckungstour vor – ein Gefühl, das die Mehrzahl der wichtigen Tauchgebiete in der Karibik kaum mehr vermitteln kann.

1

1 Der scheue Weißfleck-Feilenfisch *(Canther-hines macroceros)* färbt sich häufig braun-orange ein.

2 Auch den Königin-nen-Drückerfisch *(Balistes vetula)* kann man kaum einmal von nahe bestaunen. Den-noch: Welche Eleganz der Bewegung!

3 In diesen Gewässern trifft man auf zahlreiche Besenschwanz-Feilen-fische *(Aluterus scriptus)*, die wirklich etwas grotesk aussehen.

4 Wunderbare Sonnen-untergänge gehören zu den täglichen Vergnügen auf Aruba. Ein schönes Abendrot kündigt weiter gutes Wetter an.

SKALAHEIN REEF
Flanierende Feilenfische

SCHWIERIGKEITSGRAD	★ ★ ★
QUALITÄT DER TAUCHPLÄTZE	★ ★
SONSTIGE SEHENSWÜRDIGKEITEN	★ ★

Die Feilenfische sind Kosmopoliten und kommen in nahezu allen Ozeanen vor. Wir haben in der Karibik und vor allem in den Gewässern Arubas Bekanntschaft mit ihnen gemacht. Diese seltsam aussehenden Fische flanieren gemütlich durchs Riff, wobei sie mit ihren Brustflossen navigieren ...

Praktische Tips

Ein gutes Dutzend Tauchzentren teilt sich die Tauchgründe vor Aruba. Die meisten arbeiten mit Hotels zusammen. Auf diese Weise kann man vor-teilhafte Pauschalarrangements erhalten. Aruba er-reicht man leicht von den anderen ABC-Inseln oder auch von Venezuela aus. Die Fluggesellschaft ALM verbindet Oranjestad auch mit anderen Antillen-inseln und den Vereinigten Staaten.

Die meisten Taucher kommen wegen der Wracks nach Aruba. Einige dieser Wracks sind recht berühmt, beispielsweise die »Antilla«, die »Peder-nales« oder die Flugzeuge am Bacuti Reef. Es han-delt sich dabei vor allem um Wracks aus dem Zwei-ten Weltkrieg, die heute bereits einen historischen Reiz haben, weil sie schon recht zerfallen sind. Diese Wracks locken eine große Zahl unterschiedlicher Fische an, denen sie einen Lebensraum bieten, und sind mit Inkrustationen aus Schwämmen, Rotalgen, Seescheiden und Gorgonien reich bewachsen.

Wenn es einem mehr darum geht, das Innere eines Wracks auszukundschaften, sollte man an der »Jane C« tauchen. Dieses 58 Meter lange Schiff wurde im September 1988 versenkt, um eine neue Tauchattraktion zu schaffen. Es liegt auf 27 Meter tiefem Grund. Dennoch ist dieses Wrack nicht ganz leicht zu betauchen, da es praktisch immer eine recht starke Strömung gibt. Aus diesem Grund haben wir es vorgezogen, uns nicht auf die Wracks zu konzentrieren, sondern lieber die zahlreichen Riffe vor Aruba zu erforschen. Ist hier aber ein längerer Aufenthalt geplant, sollte man die Wracks sicher besichtigen.

2

3

Besonderheiten

Das Skalahein Reef ist eines der tiefsten vor Aruba und führt einen unbemerkt bis auf 40 Meter Tiefe. Dies ist einer der seltenen Tauchplätze Arubas, wo man den Eindruck hat, an einem Steilabfall zu tauchen. Bei 15 Meter Tiefe fällt das Skalahein Reef senkrecht ab. Auf der oberen Platte bilden große Steinkorallenblöcke eine abwechslungsreiche Landschaft. Hier trifft man auf zahlreiche Besenschwanz-Feilenfische *(Aluterus scriptus)*. Sie sind mit den Drückerfischen verwandt, zeigen sich aber dem Taucher gegenüber mißtrauischer als jene. Der Körper ist hochrückig gequetscht und wirkt wie verbeult – man hat den Eindruck, das Tier käme gerade von einem Boxkampf. Die Feilenfische sind Pflanzenfresser und halten sich deshalb immer in der Nahe ihrer unterseeischen Weidegründe auf.
Eine weitere, recht häufige Art ist der Weißfleck-Feilenfisch *(Cantherhines macroceros)*. Er präsentiert sich in zwei verschiedenen Farbkleidern: entweder braun-orange oder braun mit weißen Flecken. Diese Art ernährt sich gewöhnlich von Schwämmen und versteckt sich fast immer hinter den Gorgonien. Auch die eigentlichen Drückerfische findet man hier am Skalahein Reef, namentlich den Königinnen-Drückerfisch *(Balistes vetula)*, einen Fisch von seltener Eleganz, bei dem die dreieckigen Flossen wie Segel schlagen, wenn der Fisch sich fortbewegt. Dieser Art kann man sich schwer nähern, es sei denn, der Fisch seinerseits zeigte Neugier am Taucher und käme aus freien Stücken heran.

Unser Kommentar

Aruba ist ein sehr abwechslungsreiches Urlaubsziel, weil es seinen Besuchern eine reiche Auswahl an Aktivitäten bietet. Die Tauchgänge haben nichts Außerordentliches an sich, sind aber bei der ausgezeichneten Unterwassersicht (ausgenommen in unmittelbarer Umgebung der Stadt) und der sehr abwechslungsreichen Tierwelt wegen angenehm zu betauchen.

4

AN DER MAYA-KÜSTE

AN DER MAYA-KÜSTE

Die Küsten Mittel- und Südamerikas, die an das karibische Meer angrenzen, haben zweifellos einige der schönsten Tauchplätze der Welt zu bieten. Diese Region, die in Europa – von Mexiko einmal abgesehen – praktisch noch nahezu unbekannt ist, hat uns höchst eindrucksvolle Taucherlebnisse beschert. Diese Welt ist völlig anders als die karibische Inselwelt. Der Haupteindruck ist der riesiger Größe: die Unendlichkeit der Korallenbarrieren Belizes, der Gigantismus der Canyons vor den Bay Islands, die zu Honduras gehören, die Überfülle der Fauna in den Gewässern vor der Halbinsel Yucatán. Da sie sich nahezu das ganze Jahr über eines warmen und regelmäßigen Klimas erfreuen, können diese privilegierten Küsten in vielem als die Verkörperung eines tropischen Paradieses angesehen werden. Das gilt insbesondere für Belize und Roatán, die die ausschweifendsten Erholungsträume befriedigen können. Diese Gebiete, die noch von wilder, wunderschöner Natur beherrscht werden, sind unbedingt zu bewahren und dürfen nicht der Versuchung des Massentourismus geopfert werden. Wir drücken diese Hoffnung aus, obwohl wir wissen, daß gerade diese armen und unterentwickelten Länder über den Tourismus am ehesten einen wirtschaftlichen Aufschwung herbeiführen können.

Wegen ihrer archäologischen Maya-Fundstätten erfreut sich die Halbinsel Yucatán der Abgeschiedenheit schon lange nicht mehr. Sie wird jedes Jahr von Millionen Neugieriger besucht, was entlang der gesamten Küsten zu einer anarchischen Hochkonjunktur der Hotellerie geführt hat. Glücklicherweise hat aber eine Politik drakonischer Schutzmaßnahmen für die Tauchgebiete dazu geführt, daß man den außerordentlichen Reichtum der Riffe von Cancún und Cozumel auch heute noch genießen kann. Dies ist einer der wichtigsten Regionen in der Karibik für die Begegnung mit den Großfischen des offenen Meeres. Starke Gefühle sind hier garantiert!

*Vorhergehende Seite:
Wenn die Sonne über Anthony's Key Resort untergeht, fühlt man sich völlig zu Recht am Ende der Welt. Dies ist ein kleines Paradies für Taucherlebnisse ganz besonderer Art.*

*Rechte Seite:
Belize und Honduras garantieren für Tauchplätze mit außerordentlich klarem Wasser. Bemerkenswert ist auch der Reichtum der Riffe in dieser Region.*

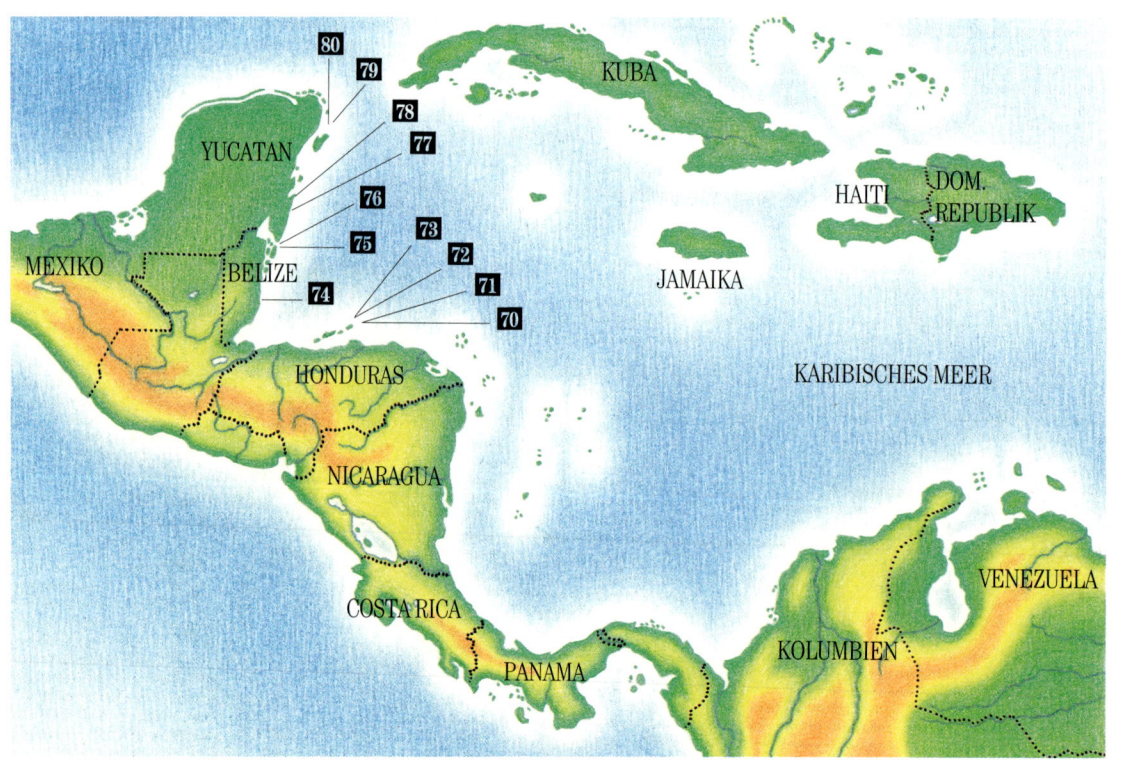

70	Anthony's Key
71	West End Wall
72	Romeo's Resort
73	Fantasy Island
74	St. George's Lodge
75	Blue Creek
76	Lighthouse Reef
77	Contoy Reef
78	Banderas Reef
79	Little Caves
80	Paradise Reef

1 Die Gewässer um Roatán sind von unglaublicher Klarheit, und die Sichtweite überschreitet leicht die 30 Meter.

2 Die auf Pfählen stehenden Bungalows des Anthony's Key Resort lassen Erinnerungen an Polynesien wach werden.

3 In den tief in das Riff eingeschnittenen Canyons kann der Fotograf nach seltenen Arten suchen.

4 Wenn man durch diese unterseeischen Täler schwebt, erlebt man besonders intensiv die Schwerelosigkeit und die Freiheit des Tauchens.

ANTHONY'S KEY
Vorgeschmack vom Paradies

SCHWIERIGKEITSGRAD	★★★
QUALITÄT DER TAUCHPLÄTZE	★★★★
SONSTIGE SEHENSWÜRDIGKEITEN	★★★

Die Anlage von Anthony´s Key, eine sehr schöne Holzkonstruktion auf Pfählen über dem Wasser, erinnert an Polynesien. Diese ruhige und erholsame Urlaubsanlage bietet einige der phantastischsten Tauchplätze der Karibik. Ein Traumziel, wo es sich gut leben läßt . . .

Praktische Tips

In eine gut geschützte Bucht unterhalb der nördlichen Hänge der Insel Roatán geschmiegt, stellt Anthony's Key Resort ein kleines, ländliches Schmuckstück dar, das vollkommen in die tropische Umgebung integriert ist. Das Hauptgebäude ist zwischen den Bäumen aufgehängt und verschwindet weitgehend hinter der üppigen Vegetation. Über eine Holztreppe gelangt man hinauf. Alle Gebäude hier sind aus traditionellen Materialien erbaut. Die Bungalows, in denen die Gäste wohnen, stehen auf Pfählen direkt über dem Wasser. Es gibt keine Klimaanlage, sondern statt dessen regelbare Jalousien, die eine natürliche Lüftung des Zimmers sicherstellen. Der Komfort ist rustikal, aber absolut ausreichend. Die Bungalows sind entlang des Anlegesteges verteilt oder über eine kleine Insel verstreut, die etwa hundert Meter entfernt liegt. Rund um die Uhr ist ein Pendeldienst eingesetzt, der auf Anruf das Übersetzen besorgt.

ne vorzudringen, denn sie enden alle wieder an der Außenseite der Steilwand. Solange man noch über genügend Luft verfügt, bestehen bei diesen Erkundungen keine Gefahren. Man hat buchstäblich den Eindruck, in diesen natürlichen Rinnen zu fliegen. Hier findet man wenige Fische, aber dafür entschädigt die herrliche Unterwasserlandschaft. Das Wasser ist transparent und ermöglicht eine Sicht von mindestens 30 Meter. Auch von daher rührt dieser euphorisierende Eindruck der vollkommenen Schwerelosigkeit.

Die Unterwasserfotografen müssen sich unbedingt mit einem Superweitwinkel-Objektiv ausrüsten. Ideal wäre das berühmte Nikkor 15mm für die Nikonos. Aber auch beim genauen Gegenteil, im Makrobereich, lassen sich viele interessante Motive entdecken.

Auch das Tauchen ist hier perfekt organisiert. Den Tauchern stehen vier je zwölf Meter lange Boote zur Verfügung. Man sucht sich jeden Tag das Boot aus, das zu den gewünschten Tauchplätzen ausfährt. Das bedeutet die totale Freiheit! Man muß sich lediglich auf einer Tafel anmelden und die Nummer seiner Preßluftflasche angeben, dann wird alles aufs richtige Boot gebracht. Jeden Morgen stehen zwei Tauchgänge, jeden Nachmittag einer auf dem Programm. Am Mittwoch und Freitag werden auch Nachttauchgänge veranstaltet. Es gibt über dreißig verschiedene Tauchplätze, und keiner von ihnen liegt länger als eine halbe Bootsstunde von Anthony's Key Resort entfernt.

Besonderheiten

Das Tauchen hier ist außerordentlich schön, denn das Wasser ist klar und reichhaltig. Wir waren überrascht darüber, daß die Gewässer in dieser Region viel fischreicher sind als an den meisten anderen Tauchplätzen in der Karibik.

Canyon Reef ist zweifellos einer der außerordentlichsten Plätze, die wir kennen. Tiefe Einschnitte formen richtige Schluchten im Riff. Man sollte keine Bedenken haben, in diese Höhlen und Kami-

Unser Kommentar

Dieser Tauchplatz hinterläßt unbeschreibliche Gefühlserlebnisse. Das ist um so erstaunlicher, als die Tauchtiefen 15 Meter nicht überschreiten. Viele Plätze rund um das Anthony's Key Resort bieten ähnliche Unterwasserlandschaften, und das manchmal in Tiefen von lediglich 5 bis 6 Meter. Wer nicht mit dem Gerät tauchen will, kann auch beim Schnorcheln herrliche Korallengärten entdecken.

1 Das Haupthaus von Anthony's Key Resort ist zwischen die Äste eines riesigen Baumes gebaut worden.

2 »Rainbow Runner« (Regenbogenläufer) nennen die Amerikaner diese häufig vorkommende, gewöhnlich etwa 60 Zentimeter lange Stachelmakrele *(Elagatis bipinnulata)*. Der deutsche Vulgärname lautet Regenbogen-Stachelmakrele.

3 West End Wall ist ein langgezogenes Riff von beeindruckender Größe. Die sehr vielfältigen Korallen bilden eine wundervolle Rifflandschaft.

WEST END WALL

Das Riff ohne Ende

SCHWIERIGKEITSGRAD	★★★
QUALITÄT DER TAUCHPLÄTZE	★★★★
SONSTIGE SEHENSWÜRDIGKEITEN	★★

Der äußerste Westen der Insel Roatán bietet einen der schönsten Tauchplätze in der Karibik überhaupt: Das Riff ist absolut großartig, und sehr häufig wird es von großen Fischen des offenen Meeres passiert. Man gewinnt einen Eindruck von der Unendlichkeit in diesem riesigen Riff . . .

Praktische Tips

Mehrfach wöchentlich fahren die Tauchboote des Anthony's Key Resort zu den Tauchplätzen hinüber, die vor West Bay Beach liegen. Dort kann man Strömungstauchgänge unternehmen – eine angenehme und bequeme Art zu tauchen, allerdings nur für erfahrene und unerschrockene Taucher. Die Taucher werden an einer bestimmten Stelle abgesetzt, und sie lassen sich von da an einfach mit der Strömung mittreiben, bis sie schließlich nach dem Aufsteigen wieder aufgesammelt werden. Dank der stabilen Wetterlage und der idealen Tauchbedingungen läßt sich das Strömungstauchen hier in voller Sicherheit praktizieren. Auf diese Weise hat man den vollen Genuß des außerordentlich schönen Riffs und kann weite Entfernungen zurücklegen, ohne Gefahr zu laufen, die Orientierung zu verlieren. Natürlich braucht es dazu gute Boote und vor allem erfahrene Bootsmannschaften, damit die Taucher auch wieder sicher aufgesammelt werden können. Die Taucher selbst müssen vollkommen auf sich selbst gestellt ihren Tauchgang gestalten können, damit sie fehlerlos ihre Tauchzeiten und Aufstiegsmodalitäten bestimmen können. Einmal an der Wasseroberfläche, bläst man einfach seine Tarierweste auf und wartet darauf, daß das Boot einen erreicht.

Von März bis Juli ist die beste Tauchzeit auf Roatán. Regen fällt hauptsächlich im November und im Dezember. Die Jahresmitteltemperatur beträgt 26°C, und Sonnenschein gibt es an mindestens dreihundert Tagen im Jahr. Die Wassertemperatur schwankt zwischen 24 und 26°C , und die Sicht im Wasser ist stets besser als 20 Meter, kann gelegentlich sogar bis zu 40 Meter betragen.

Besonderheiten

West End Wall ist ein langgestrecktes Riff, dessen oberste Linie etwa 8 bis 9 Meter unter der Wasseroberfläche verläuft. In diesen klaren und lichtdurchfluteten Bereichen schwirren Myriaden kleiner Riffische in allen Richtungen durcheinander. Häufig stößt man auch auf Schwärme von blauen Doktorfischen und herrlichen Kaiserfischen. Wenn man sich zur Außenseite des Riffs hin entfernt, gelangt man rasch an einen senkrechten Steilabfall. Er beginnt auf 20 Meter Tiefe und fällt direkt bis zu einem Sandgrund auf 50 Meter ab. Späht man aufmerksam in die Tiefe und in das intensive Blau des Freiwassers, kann man sicher sein, die flüchtige Silhouette eines Hais oder den majestätischen Flug eines Adlerrochens zu beobachten.

Die außerordentliche Transparenz des Wassers gestattet die Übersicht über weite Unterwasserland-schaften in ihrer ganzen Unendlichkeit. Dieser seltene Anblick verleiht dem Tauchplatz seine einsame Größe. Wenn man dann von der Steilwand leicht wieder Richtung Oberfläche aufsteigt, genießt man im Kontrast um so mehr die farbenprächtigen, von der Sonne beleuchteten Steinkorallen.

Taucher mit einem geringen Luftverbrauch können sich bei diesem Tauchgang bis zu Herbie's Place treiben lassen. Dies ist das erste Riff an der Südküste und stellt die Verlängerung von West End Wall dar.

Unser Kommentar

Dieser Strömungstauchgang ist ein außerordentliches Erlebnis. Man gewinnt den Eindruck von Freiheit und hat praktisch eine Panoramavision vom Riff. Da man sich mit der Strömung treiben läßt und keine Gedanken an die Orientierung verschwendet, kann man sich ganz auf die wunderbare Landschaft konzentrieren. Ein unvergeßliches Erlebnis!

2

3

1

1 Der Gelbschwänzige Schnapper *(Ocyurus chrysurus)* zählt zu den häufigsten Fischen in der Karibik. Er schließt sich gern den Tauchern an.

2 Bei allen Tauchgängen um Roatán herum wird man von diesen neugierigen Fischen begleitet.

3 Wenn man sich vom Tauchen erholen will, steht einem in Romeo's Resort ein wunderschöner Süßwasserpool zur Verfügung.

ROMEO'S RESORT
Die Liebe eines Fisches

SCHWIERIGKEITSGRAD	★ ★
QUALITÄT DER TAUCHPLÄTZE	★ ★ ★
SONSTIGE SEHENSWÜRDIGKEITEN	★ ★

In den köstlichen Gewässern der südlichen Küste Roatáns wird der Taucher sehr häufig von gelbschwänzigen Fischen begleitet, die sich ganz vertraulich verhalten. Neugierig bis an die Grenze zur Unverschämtheit erwecken sie den Eindruck, sie wollten sich uns als Freunde aufdrängen . . .

Praktische Tips

Romeo's Resort liegt ganz in der Nähe des Flugplatzes von Roatán. Es ist ein kleines, verschwiegenes Hotelzentrum, das am Ende einer ruhigen Bucht verstreut liegt, die mit einer üppigen tropischen Vegetation überzogen ist. Wie bei allen Hotels der Insel setzen sich die Gäste vorwiegend aus Tauchern zusammen. Deshalb verfügt auch dieses Resort über eine sehr gute Ausrüstung an Flaschen und Kompressoren.
Roatán ist die bedeutendste Insel innerhalb der »Islas de la Bahía«, die etwa 50 Kilometer vor der Küste Honduras liegen. Der Archipel besteht aus ungefähr sechzig Inseln und ist im Begriff, einer der Hauptanziehungspunkte für Taucher aus aller Welt zu werden. Das exotische Ambiente der Insel wie auch die klaren und fischreichen Gewässer garantieren einen entspannenden und den Taucher faszinierenden Aufenthalt. Man erreicht Roatán problemlos von Miami aus mit der nationalen Flugge-

sellschaft von Honduras, der Tan Sasha. Hierbei ist lediglich ein einmaliges Umsteigen in San Pedro Sula erforderlich.

Die Insel Roatán erstreckt sich über eine Länge von 58 Kilometer. Die maximale Breite beträgt kaum vier Kilometer. Die Insel ist sehr lebhaft profiliert mit vielen Tälern, die in die überwucherten Hügel hineingeschnitten sind, was für prächtige Landschaftsbilder sorgt. Die Vegetation mit ihren wilden Orchideen ist sehr interessant. An touristischen Sehenswürdigkeiten ist vor allem ein botanischer Garten zu nennen, aber das Schwergewicht der Aktivitäten liegt bei den Wassersportarten. Was Einkaufsmöglichkeiten anlangt, sollte man nicht allzu viel erwarten, weil das Angebot beschränkt ist; die beste Auswahl findet man zweifellos noch in der Boutique des Hotels Fantasy Island.

Besonderheiten

Die Tauchplätze liegen recht nah bei der Hotelanlage und sind von bezaubernder tropischer Landschaft umgeben. Die nächsten Plätze vor Romeo's Resort heißen Dixon Cove Point, Tarpon Wall, Connie's Dream, Brick Bay Point, Sponge Garden und Romeo's Elbow. Selten taucht man an diesen Plätzen, ohne daß man dabei begleitet wird von einem oder mehreren Gelbschwänzigen Schnappern (*Ocyurus chrysurus*). Diese gewöhnlich dreißig bis vierzig Zentimeter langen Fische können auch bis zu sechzig Zentimeter lang werden. Sie schwimmen meist alleine oder in kleinen Gruppen und können blitzschnell aus der Nähe des Tauchers flüchten. Einige Brocken Brot reichen aus, um sie

in großer Zahl anzulocken. Sie schwirren dann dicht um den Taucher herum und schrecken auch nicht davor zurück, ihn in den Finger oder sogar in die Maske zu beißen. Diese amüsanten Fische sind charakteristisch für flache Tauchgebiete. Selten einmal gehen sie tiefer als 20 Meter. Aus diesem Grund sind sie wohl auch so vertraut mit den Tauchern. Gewöhnt an die Anwesenheit dieser seltsamen Wesen, die Blasen ausstoßen, machen sie das Beste daraus und versuchen sogar, mit ihnen zu spielen.

Unser Kommentar

Diese Tauchplätze mit ihren mäßigen Tiefen, die Roatán zu bieten hat, geraten manchmal wegen der extremen Klarheit des Wassers in den Bereich des Außerordentlichen. Ein Kälteschutzanzug ist hier nicht erforderlich, sondern es genügt ein leichtes Lycratrikot. Das wird den Fotografen erfreuen, weil es mit seinen bunten Farben sehr fotogen ist, obendrein nimmt es sehr wenig Platz im Koffer ein.

1

1 Ein langer, weißer Sandstrand lädt zur Erholung ein, und von dem vorgelagerten Inselchen aus kann man direkt zum Tauchen gehen: Fantasy Island ist ein kleines, künstlich geschaffenes Paradies.

2 Wie eine lebende Statue sieht dieser einzeln stehende, ungewöhnliche Korallenblock aus.

3 Die fingerartig wachsende Koralle *Dendrogyra cylindricus* kann über 1,50 Meter groß werden.

FANTASY ISLAND
Skulpturen aus Korallen

SCHWIERIGKEITSGRAD	★
QUALITÄT DER TAUCHPLÄTZE	★ ★ ★
SONSTIGE SEHENSWÜRDIGKEITEN	★ ★

Nur einige Flossenschläge vom angenehmen Hotel entfernt breitet sich ein bezauberndes Korallenriff aus, das durch die phantasievollen Formen der Korallenstöcke besticht. Das klare Wasser und die geringen Tauchtiefen machen es zu einem idealen Einstiegsrevier. Ein Tauchplatz, an dem man das Tauchen lieben lernen kann . . .

Praktische Tips

Fantasy Island ist ein luxuriöser Hotelkomplex im Süden der Insel Roatán, errichtet am Rand eines vierhundert Meter langen, weißen Sandstrands. Zum Hotel gehört ein kleines Inselchen mit sechs Hektar Fläche, das über einen asphaltierten Damm mit der Hauptinsel verbunden ist. Die ganze Anlage wurde erst 1989 in Betrieb genommen und ist bereits in der Erweiterung begriffen. Diese fortlaufenden Arbeiten beeinträchtigen etwas den Zauber des Ortes, aber in einigen Jahren wird Fantasy Island sicherlich eine der Spitzenanlagen auf Roatán sein. Die umgebende Landschaft ist nicht so zauberhaft wie bei Anthony's Key, aber die Hotelleistungen sind sehr viel luxuriöser (Klimaanlage, privates Telefon, Kabelfernsehen, Kühlschrank im Zimmer, Schwimmbad usw.).
Zum Hotel gehört auch eine Tauchbasis. Sie verfügt über drei Tauchboote von je 12,50 Meter Länge. Täglich gibt es drei Ausfahrten: zwei morgens, eine

am Nachmittag. Über dreißig Tauchplätze wurden 3 entwickelt, die unter einer halben Stunde Anfahrt erreichbar sind. Für die Taucher, die direkt vom Inselchen aus ins Wasser gehen wollen, wird eigens eine kleine Basis errichtet. Gleich in der Nähe gibt es ein hübsches kleines Riff, und nicht viel weiter weg das Wrack der »Prince Albert« sowie das Wrack einer DC 3, »Tatoo« genannt. Mit einem Motorboot wird auf Wunsch der Kundschaft die erforderliche Ausrüstung auf die Insel geliefert. Man braucht sich also nicht selbst um das Material zu bemühen. Alles ist auf den besten Service und die Bequemlichkeit der Besucher ausgerichtet.

Von Fantasy Island aus kann man auch Tauchausfahrten zu den Plätzen im Norden Roatáns unternehmen, da eines der Boote in einer Bucht auf der anderen Seite der Insel verankert ist. In nur fünf Minuten kann man es mit dem Bus erreichen.

Besonderheiten

In den Gewässern um Roatán konnten nicht weniger als fünfundsechzig verschiedene Korallenarten nachgewiesen werden, daher die Komplexität und der Reichtum der Riffe. Wir waren besonders begeistert von der Eigenartigkeit des Tauchplatzes Mary's Place, zu dem man in zehnminütiger Bootsfahrt gelangt. Dieses Riff ist einmal durch ein Erdbeben erheblich beschädigt worden. Infolgedessen

findet man heute ein unglaubliches Durcheinander von Korallenwänden mit tiefen und steilen Gräben dazwischen, die zahllosen Fischen Unterschlupf bieten.

Der Tauchplatz Tal der Riesen liegt sogar nur zwei Minuten vom Fantasy Island entfernt. Hier handelt es sich um ursprünglich so gewachsene, felsige, reich mit Korallen bestandene Kegel. Sie erheben sich als beeindruckende Riesen mitten aus dem Riff und formen ein unter Wasser ganz ungewöhnliches Geländeprofil. Diese Seltsamkeit erklärt sich durch die natürliche Erosion, denn das Gestein der Monolithen war widerstandsfähiger als der Rest des Riffs, so daß allein sie erhalten blieben. Dieser Tauchplatz ist extrem leicht zu betauchen, da 12 Meter Tiefe nicht überschritten werden. Das Wasser ist von absoluter Klarheit, insbesondere ab April bis in den September hinein. Wer größere Tiefen bevorzugt, kann sich Richtung Steilabfall orientieren und bis zu 30 Meter tief gehen, indem er die Spalten und Kamine im Riff auf Muränen und Ammenhaie absucht.

Unser Kommentar

Wer neben dem Tauchen auch jeglichen denkbaren Komfort liebt, wird die Hotelanlage Fantasy Island mit ihrem internationalen Komfort genießen. Wir haben eigentlich den tropischen Zauber und den persönlichen Service in Anthony's Key Resort vorgezogen, ebenso die aufregenderen Tauchplätze am Nordriff. Interessant ist es aber auf jeden Fall, einen zweiwöchigen Aufenthalt auf Roatán je zur Hälfte im Norden und im Süden zu verbringen.

1 Ein Franzosen-Kaiser-
fisch *(Pomacanthus
paru)*, der vom Blitz
mitten in der Nacht auf-
geschreckt wurde,
sucht Schutz zwischen
den Korallen.

2 Die Schlangensterne
(Ophiothrix suensonii)
verlassen nachts ihre
Schlupfwinkel und
klettern an den großen
Schwämmen hoch.

3 Lebhaft rot gefärbt
ist die Tanzgarnele
Rhynchocinetes rigens.
Bei der geringsten
Beunruhigung zieht
sie sich rückwärts in
ihren Unterschlupf
zurück.

4 Sonnenaufgang über
der St. George's Lodge.

ST. GEORGE'S LODGE
Die Nacht aller Wünsche

SCHWIERIGKEITSGRAD	★★
QUALITÄT DER TAUCHPLÄTZE	★★★★
SONSTIGE SEHENSWÜRDIGKEITEN	★★★★

*In diesem kleinen Hotelkomplex
im Stil einer exklusiven und
luxuriösen Familienpension wird
der Besucher als Freund empfangen,
und der Taucher findet über-
durchschnittliche Tauchplätze vor.
Nachts kommen die geheimnis-
vollsten Kreaturen aus ihren
Schlupfwinkeln im Riff hervor . . .*

Praktische Tips

St. George Cay liegt nur dreißig Bootsminuten von
Belize City entfernt, erscheint aber wie die einsame
Insel Robinsons. Kein Telefon, keine Zeitungen,
kein Fernsehen, dafür aber Kokospalmen und das
Meer, so weit das Auge reicht. Das Leben vollzieht
sich im Rhythmus der Tageszeiten. Fred Good und
Laura empfangen ihre Gäste in der St. George's
Lodge mit Herzlichkeit. Selten gibt es mehr als zehn
Tischgäste auf einmal. Man steht unter dem Eindruck, bei einer liebenswürdigen Familie eingela-
den zu sein, mit der man die köstlichen Mahlzeiten
und die Freuden des Tauchens teilt. Fred ist ein
wundervoller Führer durch das Meer. In achtzehn
Jahren hat er über siebentausend Mal in diesen Gewässern getaucht und kennt auch die verborgen-
sten Bewohner. Je nach Jahreszeit und dem Ausbildungsstand der zu Besuch weilenden Taucher stellt
er immer interessante und abwechslungsreiche
Tauchausfahrten zusammen. Jeder Tauchgang

wird sorgfältig vorbereitet. Fred hat seine eigenen, sehr raffinierten Tauchtabellen erarbeitet. Sie folgen einem stufenweisen Korrespondenzprinzip. Wir haben ihre Ergebnisse mit unseren Tauchcomputern der letzten Generation verglichen und können bestätigen, daß sie vollkommen zutreffend sind. Mit mehr als 25 000 Tauchgängen ohne den geringsten Zwischenfall haben diese Tafeln auch den Beweis ihrer Zuverlässigkeit erbracht!

Getaucht wird in Belize rund um das Jahr. Eine kurze Regenzeit im Juli und August kann ein wenig die Klarheit des Wassers trüben, aber selbst dann herrscht eine sommerliche Temperatur von durchschnittlich 30°C.

Besonderheiten

Die großen Holzboote mit ihren 225-PS-Motoren brauchen weniger als eine Viertelstunde, um die meisten der umliegenden Riffe zu erreichen. In diesen noch wenig erschlossenen Tauchgebieten trifft man sehr selten mit einem anderen Boot zusammen. Wenn man die Riffe nicht beschädigen will, braucht man das ganze Können von Fred, um mit Präzision den Anker zu werfen. Die Tauchplätze sind sehr unterschiedlich, vom flachen Korallengarten bis zum schwindelerregenden Steilabfall mit riesigen Schwarzen Korallen, Zackenbarsch-Kolonien und großen Makrelenschwärmen.

Uns hatten es in diesen reichhaltigen Gewässern vor allem die Nachttauchgänge angetan. Bei dieser Gelegenheit trifft man auf zahlreiche Krustentiere, Garnelen, Krabben und Langusten aller Arten im Riff, aber auch erstaunliche Muscheln wie die Conch mit ihren zwei Teleskopaugen und schlafende Fische, denen man sich sehr dicht annähern kann.

Die seltsamste Erscheinung ist zweifellos die Maskenkrabbe *(Podochela sp.)*, die sich mit zahlreichen Hydrozoen schmückt. Diese dienen ihr zum einen zur Tarnung, zum anderen zum Schutz, denn sie sind nesselnd.

Unser Kommentar

Belize ist ein kleines Land mit nur 190 000 Einwohnern. Es könnte aber zukünftig eines der ganz großen Tauchziele im internationalen Maßstab werden, da sich vor seiner Küste das zweitgrößte Barriereriff der Welt hinzieht. Die Tauchgründe sind außerordentlich reich und vielerorts noch völlig unerforscht. Man könnte Belize deshalb »die Malediven der Karibik« nennen. St. George's Lodge kann man insbesondere denjenigen empfehlen, die zu mehreren Paaren reisen und Entspannung und Geruhsamkeit suchen.

1 Sehr gut zu identifizieren anhand seines getüpfelten Farbkleides ist der Gefleckte Kofferfisch *(Lactophrys bilcaudalis).*

2 Blick vom Flugzeug aus auf das Turneffe Reef. Unten im Bild das Inselchen St. George Cay.

3 Wegen seiner Hörnchen wird dieser Kofferfisch Kuhfisch *(Lactophrys polygonia)* genannt.

4 Häufig begegnet man in den Gewässern vor Belize auch dem Glatten Kofferfisch *(Lactophrys triqueter).*

BLUE CREEK
Spiel mit den Kofferfischen

SCHWIERIGKEITSGRAD	★ ★
QUALITÄT DER TAUCHPLÄTZE	★ ★ ★
SONSTIGE SEHENSWÜRDIGKEITEN	★ ★

Auf halbem Weg zwischen Belize City und dem berühmten Blauen Loch liegt das Turneffe Reef kranzartig wie ein Atoll in der Weite des karibischen Meeres. Die Inselgruppe ist von Riffen mit unzähligen Tauchplätzen umgeben, in denen es von Kofferfischen nur so wimmelt ...

Praktische Tips

Das Turneffe Reef gehört nicht zu den populärsten Tauchregionen von Belize und ist deshalb noch eine der unberührtesten. Man findet hier Tauchplätze jeden Schwierigkeitsgrades. Für Anfänger ist die Westseite vorzuziehen, die gut geschützt liegt und nicht sehr tief ist. Die Inseln sind mit sehr charakteristischen Mangroven bestanden und erwecken den Anschein unendlicher Jungfräulichkeit.

Man erreicht das Turneffe Reef recht leicht von Belize City aus nach eineinhalbstündiger Bootsfahrt. Unterkunft findet man in der Turneffe Island Lodge, die in ihrer Umgebung über einhundert Tauchplätze nachweisen kann. Von der St. George's Lodge aus werden auch Tagesausflüge zum Riff hinaus organisiert.

Wir würden Turneffe Island bei weitem Ambergris Cay vorziehen, der am meisten für den Tourismus erschlossenen Region im Norden von Belize. Die Tauchgründe hier sind fischreicher, und auf den herrlichen, praktisch menschenleeren Stränden genießt man seine ungestörte Ruhe. Zum Tauchen wird von der Turneffe Island Lodge zweimal täglich ausgefahren. Die Tauchgründe liegen allesamt weniger als eine Viertelstunde Bootsfahrt vom Hotel entfernt.

Belize ist seit 1981 ein unabhängiger Staat, gehört aber immer noch dem Commonwealth an. Weitgehend mit tropischem Regenwald bewachsen, birgt es noch die größten Bestände an Jaguaren und entwickelt wichtige Maßnahmen zum Schutz der urwüchsigen Natur.

Besonderheiten

Blue Creek liegt im Westen des Turneffe Reef zwischen dem Mangrovenwald und dem Außenriff. Der Tauchgrund ist nirgends tiefer als 10 Meter, aber von seltener Reichhaltigkeit. Die Tauchanfänger werden die Ruhe dieser Gewässer zu schätzen wissen, die auch zum Schnorcheln ideale Bedingungen bieten. Das Tauchen ist sowohl bei Tag als auch bei Nacht ausgezeichnet, weil es zwischen den einzeln stehenden Korallenstöcken von Leben nur so wimmelt.

Wenn wir tagsüber tauchen, haben wir uns ein Vergnügen daraus gemacht, die scheuen Kofferfische zu überlisten und mit ihnen Haschmich zu spielen. Die größte und häufigste Art dieser seltsa-

men Fische wird hier »Honigwabe« genannt, weil seine Flecken sechseckig sind wie Bienenwaben. Dieser Kofferfisch der Art *Lactophrys polygonia* kann 45 Zentimeter lang werden. Im Englischen wird der Fisch auch »cowfish« (Kuhfisch) genannt, weil er über jedem Auge ein kleines Hörnchen trägt. Gewöhnlich wird diese Art als sehr selten betrachtet, hier jedoch begegnet man ihr zahlreich. Der verwandte Glatte Kofferfisch (*Lactophrys triqueter*) unterscheidet sich durch seine weißen Flecken und die fehlenden Hörnchen. Er gehört auch zu den weniger furchtsamen unter den Kofferfischen.

Schwarze Flecken weist der Gefleckte Kofferfisch (*Lactophrys bilcaudalis*) auf, der sich strategisch klug bei Annäherung des Tauchers in seinen Schlupfwinkel zurückzuziehen weiß. Diese Fische scheinen weitgehend solitär zu leben.

Unser Kommentar

Turneffe Island – wie übrigens die Mehrzahl der Riffe vor Belize – ist ein ausgezeichneter Platz, um die Freuden des Tauchens in der Karibik auszukosten. Das Wasser ist mit 25 bis 26°C von sehr angenehmer Temperatur, praktisch immer kristallklar und hier auch relativ geschützt.

Wenn man die Begegnung mit Großfischen sucht, muß man im äußersten Süden des Riffs tauchen. Am Tauchplatz Elbow kann man häufig majestätisch einherfliegende Adlerrochen und große Makrelenschwärme sichten.

1 Mitten im Lighthouse Reef öffnet sich wie ein Auge das Blaue Loch. Schon vom Flugzeug aus ist dies ein erstaunliches Erlebnis.

2 Wenn man im Blauen Loch taucht, sollte man sich vorzugsweise in der Nähe der Wände halten. Im Freiwasser hat man den schwindelerregenden Eindruck, über einem unendlichen Abgrund zu schweben.

LIGHTHOUSE REEF
Abstieg ins Blaue Loch

SCHWIERIGKEITSGRAD	★★★★
QUALITÄT DER TAUCHPLÄTZE	★★★★
SONSTIGE SEHENSWÜRDIGKEITEN	★★★

Das Blaue Loch im Lighthouse Reef wurde 1970 von Commandant Cousteau bei einer Expedition entdeckt. Es gehört zu jenen sagenhaften Orten, die jeder Taucher eines Tages zu erkunden hofft. Ein magischer und beeindruckender Tauchplatz, der einen an die Grenzen des eigenen Mutes führt ...

Praktische Tips

Das Blaue Loch liegt mitten im Lighthouse Reef und ist einer der beliebtesten Tauchplätze in Belize. Es ist nur mit dem Boot erreichbar. Am einfachsten ist es, sich im Lighthouse Reef Resort einzuquartieren, dem nächstgelegenen Hotelkomplex. Dieses Resort liegt auf Northern Cay, einer von einer kristallklaren Lagune umgebenen Privatinsel. Eine andere Möglichkeit ist die Teilnahme an einer Tauchkreuzfahrt. Die renommiertesten Tauchboote, die für eine solche Tour allen Komfort anbieten, sind »La Strega«, »Belize Aggressor« und »Isla Mia«. Das Lighthouse Reef liegt 60 nautische Meilen von Belize City entfernt. Mit schnellen Booten dauert die Ausfahrt etwa vier Stunden. Eine weitere Stunde braucht man bis zum Blauen Loch.
Das Lighthouse Reef, das sich über eine Fläche von 195 Quadratkilometer erstreckt, ist Teil des großen Barriereriffs vor Belize, dem zweitgrößten seiner Art nach dem Great Barrier Reef Australiens. Die

Riffe sind unglaublich reich, und da sie weit ins offene karibische Meer hinausreichen, werden sie auch häufig von den Großfischen des offenen Wassers berührt. »Half Moon Wall« ist einer der besten Plätze, um hier mit Mantas zusammenzutreffen.

Besonderheiten

Das Blaue Loch hat sich vor etwa fünfzehntausend Jahren während der letzten Eiszeit gebildet. Zu jener Zeit lag der Meeresspiegel beträchtlich tiefer als heute. In porösen Sedimentgesteinen, die zutage lagen, bildeten sich über die Jahrhunderte durch den Regen riesige Höhlen aus, deren Decken nach dem Wiederanstieg des Wasserspiegels zusammenbrachen. Auch auf den Bahamas kennt man dieses Phänomen der Blauen Löcher. Dasjenige im Lighthouse Reef hat einen Durchmesser von 318 Metern und ist 126 Meter tief.

Getaucht wird gewöhnlich nur bis in eine Tiefe von 45 bis 50 Meter, wo eine erste Kaverne seitlich abgeht. Wenn man aber die berühmten unterseeischen Stalaktiten sehen möchte, über die das Cousteau-Team berichtete, muß man mindestens bis auf 60 Meter Tiefe absteigen. Die Risiken, die mit solchen Tauchtiefen verbunden sind, lassen es uns geraten erscheinen, von einem solchen Abenteuer Abstand zu nehmen. Schon das einfache Abtauchen in das tiefblaue Wasser des Blauen Lochs reicht als sensationelles Erlebnis vollkommen. Wozu also in die Tiefe? Vergessen Sie auch nicht das Riff rings um die Vertiefung! Sollte angesichts des bodenlosen Lochs ein Gefühl der Unsicherheit aufkommen, kann man sich jederzeit näher an der Felswand halten. Sehr erfahrene Taucher mögen ein Vergnügen daran finden, sich mitten im Blauen Loch eine Strecke weit schwerelos in die Tiefe sinken zu lassen. Befreit von jeder Schwerkraft schwebt man in eine totale Euphorie hinein. Nur sollte man dabei nicht vergessen, dennoch den Tiefenmesser oder den Tauchcomputer im Auge zu behalten. Das Wasser ist so klar, daß man schnell in gefährliche Tiefen gerät, ohne es zu bemerken.

Unser Kommentar

Im Blauen Loch zu tauchen, stellt eine einzigartige Erfahrung dar. Man muß dies mitgemacht haben, um zu verstehen, was »Tauchen total« gefühlsmäßig wohl bedeuten mag. Hier zu tauchen, erfordert viel Selbstkontrolle und auch ausgezeichnete Tauchfertigkeiten. Man mag bedauern, daß an diesem Tauchplatz praktisch kein Tierleben feststellbar ist. Es scheint allerdings, daß sich Schildkröten und Haie gelegentlich hierher verirren. Sofern sich Ihnen die Gelegenheit bietet, sollten Sie auch nicht versäumen, das Blaue Loch im Sportflugzeug zu überfliegen. Die Rifflandschaft mit dem tiefblauen Loch in der Mitte ist zauberhaft.

1 Von vorne gesehen beeindruckt der Manta durch die riesige Flügelspannweite. Dieser Fisch schwimmt mit seltener Eleganz.

2 Häufig wird der Manta von Schiffshaltern *(Remora remora)* begleitet, die sich an der Unterseite ihres Trägertieres festheften.

CONTOY REEF
Ballett des Teufelsfisches

SCHWIERIGKEITSGRAD	★★
QUALITÄT DER TAUCHPLÄTZE	★★★
SONSTIGE SEHENSWÜRDIGKEITEN	★★★

Die Isla Mujeres ist eine köstliche, tropische Insel, von jungfräulichen Stränden umsäumt und so recht geeignet für die totale Entspannung. Die vorgelagerten Riffe, beispielsweise das Contoy Reef, bieten die Gelegenheit, den majestätischen Flug der Mantas zu bewundern . . .

Praktische Tips

Die Isla Mujeres liegt kaum zehn Kilometer von Cancún entfernt, bietet aber den totalen Kontrast zu dieser großen, lebhaften Stadt. Die Insel ist ein kleines, tropisches Paradies und hat ihren eigenen, ruhigen Lebensrhythmus. Eine Fähre verbindet die Isla Mujeres mit dem Hafen Punta Sam auf der Halbinsel Yucatán. Von Puerto Juárez aus, dem Haupthafen Cancúns, pendeln außerdem Schiffe hin und her. Schließlich kann man die Isla Mujeres auch in zehnminütigem Flug von Cancún aus erreichen.
Die Isla Mujeres ist nur etwa zehn Kilometer lang und bietet Entspannung total. Weit entfernt ist das fiebernde Leben von Cancún, und das Leben gewinnt hier wieder menschliche Dimensionen. Einige sympathische Hotels mit begrenzter Bettenzahl bieten einen entspannenden und erholsamen Aufenthalt. Die Tauchzentren sind sehr einladend. Mit ihren Booten, die fünf bis zehn Taucher aufnehmen können, sind sie ganz auf individuellen Service ein-

gestellt. Die beiden wichtigsten sind die Basen Mexico Divers und Carnavalito Dive. Weniger als zehn Bootsminuten entfernt finden sich viele interessante Riffe. Dazu zählt beispielsweise Manchones Reef, das für seine großen Fischschwärme berühmt ist. Die Isla Mujeres verdankt ihren Namen ihrem Entdecker Hernando Cortez. Während er sich 1519 der Insel näherte, gewahrte er eine große Anzahl von Statuen von Maya-Göttinnen. Das veranlaßte ihn dazu, diesen Platz »Die Insel der Frauen« zu nennen. Die Rolle der Frau in der Maya-Kultur ist im übrigen – wie viele andere Details – bis heute noch rätselhaft.

Besonderheiten

Der berühmteste Tauchplatz vor der Isla Mujeres ist die »Höhle der schlafenden Ammenhaie«. Sie wurde von dem mexikanischen Unterwasserfilmer Ramon Bravo entdeckt und durch die Filme von Commandant Cousteau einer breiten Öffentlichkeit bekannt gemacht. Leider ist dieser Platz nur zu bestimmten, kurzen Zeiten im Jahr erreichbar und auch dann schwierig zu betauchen, da dort starke Strömungen vorherrschen.

Großfischen kann man an anderer Stelle auch unter viel angenehmeren Umständen begegnen, beispielsweise an den Außenriffen der Insel Contoy. Hier ziehen recht häufig die Mantas vorbei. Diese

3

seltsam gestalteten, großen Fische können eine Flügelspannweite von fünf bis sechs Meter erreichen. Ganz im Gegensatz zur landläufigen Auffassung, die diesen Tieren den Namen Teufelsfisch gab, sind sie absolut harmlos. Der wissenschaftliche Name *Manta birostris* ist von den zwei Flügellappen inspiriert, die vor den Augen liegen. Sie haben die Aufgabe, Wasser und Plankton zu dem riesigen Schlund zu leiten, der mehrere Hundert Kilogramm Mikroorganismen täglich aus dem Wasser aussieben kann. Der Manta kreuzt weltweit durch die Ozeane, und man trifft ihn praktisch immer nahe der Wasseroberfläche.

Vielleicht leitet sich aus Begegnungen mit Schwimmern die Legende ab, der Manta würde Schwimmer oder Taucher ertränken, indem er sich über sie werfe und sie auf den Sandgrund drücke.

Unser Kommentar

Die Isla Mujeres ist vor allem den Fischliebhabern zu empfehlen. Hier kann man einige Tage auch mit seiner Familie verbringen. Die Tauchplätze gehören ohne Zweifel zu den schönsten in der Karibik.

3 Zu den erregendsten Begegnungen in der Karibik zählt das Zusammentreffen mit einem Manta *(Manta birostris)*. Der wissenschaftliche Name des Mantas bezieht sich auf die beiden Flügellappen am Kopf, die Wasser und Plankton zum Schlund leiten.

4 Das Hotel Cristal Mar ist ein kleines Juwel. Apartments bieten totale Freiheit und Unabhängigkeit.

2

4

1 Wenn man an einem Platz verweilt, kommen sofort die Bettlerfische, um ihr Almosen zu erhalten.

2 Unweit von Cancún liegt die archäologische Fundstelle von Tulum. Dieses ehemalige Maya-Zentrum ist unbedingt einen Besuch wert.

3 Angezogen von einigen Brotkrumen, bildet sich rasch eine Wolke von Fischen, die dem Taucher den Leckerbissen aus der Hand erbetteln.

BANDERAS REEF
Das Festessen der Bettler

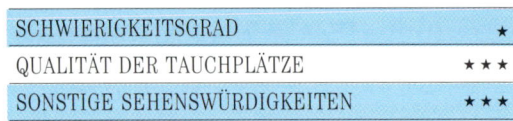

SCHWIERIGKEITSGRAD	★
QUALITÄT DER TAUCHPLÄTZE	★ ★ ★
SONSTIGE SEHENSWÜRDIGKEITEN	★ ★ ★

In einem lichtdurchfluteten Korallengarten erwarten Schwärme durcheinanderfliegender Fische den Taucher, um ihm hartnäckig ein Almosen abzutrotzen. Wappnen Sie sich mit Humor auf dieses Spiel, das Ihnen unauslöschlich in Erinnerung bleiben wird ...

Praktische Tips

Mexiko als beliebtes Reiseziel ist von Europa aus über viele Flugverbindungen zu erreichen. Von Paris gibt es eine Direktverbindung nach Cancún mit Aéromexico. Der Flug dauert kaum zehn Stunden und wird mehrfach wöchentlich durchgeführt. Auch von Miami aus, dem Luftdrehkreuz der Karibik, ist Cancún täglich zu erreichen.

Cancún ist eine Hochburg des internationalen Tourismus und verfügt längs der Halbinsel Laguna Nichupte über unzählige Großhotels. Über 25 Kilometer reiht sich ohne Unterbrechung ein ultramoderner Hotelkomplex an den anderen. Auslöser dieses Großtourismus ist einer der schönsten Strände der Karibik, der von einem türkisfarbenen Meer von unglaublicher Klarheit umspült wird. Man wird lediglich vermissen, daß das Hinterland praktisch keine Vegetation aufweist und somit nicht dem Klischee eines tropischen Paradieses entspricht, wie man es gewöhnlich vor Augen hat.

Cancún liegt am äußersten östlichen Punkt der Provinz Yucatán. Hier stand auch die Wiege der Maya-Zivilisation. Viele äußerst interessante Siedlungsstellen dieser rätselvollen Kultur können von Cancún aus besichtigt werden.

Tauchzentren findet man hier überall in den Bootshäfen. Diese »dive shops« werden professionell geführt und verfügen über sehr schöne Boote, die jeweils für zwanzig bis dreißig Taucher ausgelegt sind. Die größten sind die Zentren Cancún Marina Dive, Nautilus Diving und Scuba Cancún. Mit letzterem haben wir unsere Ausfahrten durchgeführt.

Besonderheiten

Etwas mehr als dreißig Minuten dauern die Ausfahrten zum Banderas Reef, einem der populärsten Tauchplätze hier. Die Tiefe reicht von etwa 12 bis 15 Meter. Man läßt sich in der sachten Strömung treiben und kann so die ganze Länge des Riffs erkunden. Alle Höhlen und Überhänge im Riff werden von einer beachtlichen Zahl von Fischen bewohnt. Da sie an die Anwesenheit der Taucher gewöhnt sind, zeigen sich die Bewohner dieses Riffes außerordentlich zutraulich. Man muß nur den Flossenschlag einstellen und innehalten, und schon ist man von einer Myriade von Riffischen umgeben: Gelbschwänzige Schnapper *(Ocyurus chrysurus)*, Sergeantfische *(Abudefduf saxatilis)* in ihrer gestreiften Uniform und gestreifte Ruderfische *(Kyphosus sectatrix)* kommen heran, um einen Leckerbissen zu erbetteln. Diese Fische sind von einer derartigen Ungeduld und Zudringlichkeit, daß sie nicht zögern, den Taucher am ganzen Körper zu picken; dabei lassen sie noch nicht einmal das Ohr aus, wenn ihre Freßlust nicht befriedigt wird. Man braucht mehrere Tage, um die prächtigen Tauchplätze rund um Cancún zu erkunden. Die Riffe von Chital, El Bajito und San Toribio, reich an Flora und Fauna, sollte man unter keinen Umständen auslassen.

Unser Kommentar

Wir waren begeistert von der Überfülle an Fischen sowie von deren Zutraulichkeit. Bedauerlich fanden wir, daß die Überstädterung Cancúns stellenweise den Eindruck eines künstlich geschaffenen Paradieses hervorruft. Aber wer vor allem das Sonnenbaden und die schönen Strände liebt, wird hier voll auf seine Kosten kommen.

1 Ein Feuerwerk an Farben entfaltet sich auf den Felswänden, die mit vielfarbigen Schwämmen sowie den rosigen Ästchen der Filigrankorallen (Gattung *Stylaster*) besetzt sind.

2 Ein ausladender Schwamm der Art *Amphimedon compressa*.

3 Die Franzosen-Kaiserfische *(Pomacanthus paru)* begrüßen den Taucher und fungieren als vorzügliche, wenngleich stumme, Führer.

4 Einige »Schulmeister« genannte Schnapper *(Lutjanus apodus)* haben sich wie zum Unterricht vor dem Fotografen aufgebaut.

LITTLE CAVES
Grotten mit tausend Farben

SCHWIERIGKEITSGRAD	★ ★
QUALITÄT DER TAUCHPLÄTZE	★ ★ ★ ★
SONSTIGE SEHENSWÜRDIGKEITEN	★ ★ ★

Der Taucher gleitet in glasklarem Wasser an einer senkrecht abfallenden Wand entlang und gelangt dabei zu einer Reihe von Grotten in der Wand. Diese sind ausgekleidet mit vielfarbigen Inkrustationen. Durch die Grotten gewinnt dieser Tauchplatz mit seinem dramatischen Steilabfall einen bezaubernden Reiz ...

Praktische Tips

Cozumel liegt nordöstlich vor der Landspitze von Yucatán, 70 Kilometer von Cancún entfernt, dem bekannten Badeort auf dem Festland. Die Insel ist 48 Kilometer lang und 16 Kilometer breit. Man kann Cozumel direkt von Miami aus anfliegen, aber auch von Cancún oder Mexico City aus. Die Bootsfahrt von Cozumel nach Playa del Carmen auf dem Festland dauert etwa eine Stunde. Wenn man mit dem Mietwagen unterwegs ist und nach Cozumel übersetzen möchte, muß man beachten, daß es täglich nur eine Fährverbindung von Puerto Morelos (36 Kilometer von Cancún entfernt) gibt. Aufgepaßt: Die Abfahrtszeiten ändern sich häufig!
Cozumel ist eine wahrhaftige Taucherinsel, die nur für und von den Tauchern lebt. Eigentlich handelt es sich um eine Aneinanderreihung von »dive shops«. Man zählt über sechzig Tauchzentren, die zusammen über hundertfünfzig Tauchboote verfügen. In jedem Jahr stellen sich auf der Insel über

achtzigtausend Taucher als aller Welt ein. Wir empfehlen Ihnen, sich an kleinere Zentren mit kleinen Booten zu halten, um das Gedränge auf den großen Tauchbooten zu vermeiden. Diese großen Boote werden überwiegend von den sogenannten Sonntagstauchern frequentiert . . .

Wir haben die Tauchbasis Blue Angel Dive besucht. Sie wird von einer liebenswürdigen Großmutter englischer Abstammung geführt, die sich die Denkweise ihrer Heimat bewahrt hat. Die Basis verfügt über zwei mittelgroße Boote, die jeweils sieben bis zehn Taucher aufnehmen können.

Besonderheiten

Alle guten Tauchplätze Cozumels liegen vor der Südwestküste der Insel. Jeden Morgen verläßt eine stattliche Armada von Booten die Häfen und fährt hinaus zu den Riffen, die sich über eine Länge von fünfzehn Kilometer erstrecken. Mehr als zwanzig verschiedene Korallenbauwerke bürgen für wahrhaft außerordentliche Tauchplätze.

Der Tauchplatz Little Caves unterscheidet sich wegen seines hügeligen Bodenprofils von den gewöhnlichen tropischen Tauchplätzen. Der Tauchgang beginnt auf einem Sandgrund in etwa 15 Meter Tiefe. Nachdem man einen aus Felsbrocken aufgetürmten Hügel passiert hat, taucht man am Steilabfall in das türkisfarbene Blau ein und sinkt bis auf

etwa 25 Meter Tiefe hinab. Theoretisch könnte man noch weit tiefer gehen, aber die örtlichen Vorschriften sind sehr streng: 25 Meter ist die absolute Tiefengrenze.

Zahlreiche kleine Grotten sind in die Wand eingelassen und haben diesem Tauchplatz seinen Namen gegeben. Sie entführen den flossenbewehrten Besucher in eine zauberhafte Welt. Häufig begrüßt einen ein Kaiserfisch und macht den Führer in diese Wunderwelt. Alle Wände dieser Grotten sind überzogen mit Inkrustationen von Schwämmen, Anemonen und Filigrankorallen, die in allen Farben des Spektrums leuchten.

Unser Kommentar

Mit Sicherheit bietet Cozumel einige der schönsten Tauchplätze in der Karibik. Der internationale Ruf dieser Insel ist also durchaus gerechtferitgt. Wer nicht taucht, sollte die Zeit nützen und unbedingt die zahlreichen, höchst interessanten Maya-Fundstätten besichtigen, die es in dieser Region gibt.

1

2

1 Die Fische vom Paradise Reef sind nicht scheu und akzeptieren die Anwesenheit der Taucher, wie hier dieser Schwarm Franzosengrunzer *(Haemulon flavolineatum).*

2 Bei der Besichtigung der Maya-Fundstätten trifft man häufig auf mexikanische Familien in traditioneller Tracht.

3 Den Hammelschnapper *(Lutjanus analis)* erkennt man an seinem braunen Schwanz und dem silbrigen Körper.

4 Ein Schwarm Blaugestreifter Grunzer *(Haemulon sciurus)* und Grauer Schnapper *(Lutjanus griseus)* gleitet sachte in die Tiefe.

Paradise Reef
Wolken von Fischen

SCHWIERIGKEITSGRAD	★★
QUALITÄT DER TAUCHPLÄTZE	★★★★
SONSTIGE SEHENSWÜRDIGKEITEN	★★★

Niemals hat wohl ein Tauchplatz einen zutreffenderen Namen getragen als dieser: Paradies-Riff. Mit seinen Tausenden von lebhaften Fischen, die wie lebende Wände im Wasser stehen, ist es wirklich der Garten Eden, von dem alle Taucher träumen ...

Praktische Tips

Cozumel verdankt seine Entwicklung als Touristenzentrum dem Unterwassersport. Man kann hier das ganze Jahr über tauchen. Die Monate Juni bis September stellen die Nebensaison dar. Trotz einiger Gewitter, die dann vorüberziehen, ist dies zweifellos die beste Zeit, um die Vielfalt und den Reichtum der Riffe Cozumels optimal genießen zu können. Wenn es irgend möglich ist, sollte man die Weihnachtszeit meiden, da dann alle Hotels hoffnungslos ausgebucht sind.
Erstaunlich ist die Feststellung, daß trotz der Invasion der Taucher die Riffe noch in einem intakten Zustand sind. Dies ist auf den großen Respekt der einheimischen Bevölkerung vor der Unterwasserwelt zurückzuführen. Die Tauchzentren haben strenge Reglements eingeführt, die mit größter Disziplin eingehalten werden. Die Hauptregel lautet: Berühre niemals eine Koralle! Die Tauchboote werfen keine Anker aus. Deshalb findet man auch keine

vom Ankern verwüstete Stellen. Man praktiziert das Tauchen mit der Strömung, das heißt, die Boote folgen den Luftblasen der Taucher. Man wird also an einer bestimmten Stelle ins Wasser abgesetzt und zum Ende des Tauchgangs dort wieder aufgenommen, wo man angelangt ist. Die Bootsführer haben eine Virtuosität darin entwickelt, die Taucher anhand der Blasen unter Wasser zu verfolgen. Taucht man auf, ist das Boot niemals weit entfernt, was einem das Gefühl großer Sicherheit vermittelt.

Besonderheiten

Das Wasser mit seiner Temperatur von 28 bis 29°C ist eine Wohltat für den Körper, aber Paradise Reef stellt auch ein Entzücken für die Augen dar. Sobald man untertaucht, ist man von Myriaden von Fischen umgeben. Während des ganzen Tauchgangs begleiten einen große Zackenbarsche von 30 bis 50 Kilogramm in respektvoller Entfernung. Neugierig, wie sie sind, spielen sie den Leibwächter und wirken dabei überlegt und besonnen. Hier ist auch das Reich der Engels- und Kaiserfische, die man zu Hunderten sieht. Es gibt keine Stelle, an der sie nicht zugegen wären. Am erstaunlichsten aber sind die Schwärme der Schnapper. Schulen mit Hunderten von Individuen paradieren in dicht zusammenstehenden, disziplinierten Gruppen. Diese Fischbänke stehen praktisch unbeweglich im Wasser und scheinen den Besuch des Tauchers zu erwarten. Wenn man sich darauf versteht, sich ihnen langsam zu nähern, versuchen die Tiere gar nicht, zu fliehen. Sie öffnen dem Taucher lediglich, wenn er auf Tuchfühlung heran ist, einen Durchgang in der Wand. Es ist ein ganz außerordentliches Erlebnis, in das Herz eines solchen Schwarms einzudringen und dann ringsum nur noch von einer lebenden Wand aus Fischleibern umgeben zu sein.

Die häufigsten Arten hier sind der Blaugestreifte Grunzer *(Haemulon sciurus)* mit seinen feinen, gelben und blauen Streifen, der Graue Schnapper *(Lutjanus griseus)*, auf dem sich silberne Reflexe widerspiegeln, sowie der Schulmeister *(Lutjanus apodus)*, den man an seinem gelben Schwanz unterscheiden kann.

Unser Kommentar

Wenn wir auf unseren Streifzügen quer durch die Karibik manchmal den Eindruck hatten, wir müßten uns den Anblick von Fischen abgewöhnen, so wurden wir an den Tauchplätzen von Cozumel eines ganz anderen belehrt. Nirgendwo auf der Welt haben wir wohl derartige Ansammlungen von Fischen erlebt, noch nicht einmal vor Madagaskar, vor den Malediven oder im Roten Meer.

Register

Danksagungen

Die Autoren danken für freundliche Unterstützung bei der Vorbereitung dieses Buches:

Der Firma Vacances et Aquarev für technische Unterstützung und Sachkenntnis
bei der Organisation der Reisen.
Der Fluggesellschaft Northwest, mit der wir über zwanzig Mal mit großem Vergnügen
den Atlantik überquert haben.
Der Fluggesellschaft Aeromexico, die kompetent den Transport nach Mexiko organisiert hat.
Dem Fremdenverkehrsamt der Bahamas in Paris für seine zuvorkommende Zusammenarbeit.
Der Firma Jet Sea, die uns auf den Antillen einen prächtigen Katamaran
des Typs Privilège zur Verfügung gestellt hat.
Unserem Freund Bird vom Bay Point Dive Center in Crystal River, der uns geholfen hat,
die erstaunlichen Manatees besser kennenzulernen.
Mike Hanna vom Tauchzentrum Ginnie Springs in Florida.
Dem Nassau Scuba Center und dem Club Blue Marine auf Martinique
für ihren sehr freundschaftlichen Empfang.
Unexso, dem Tauchzentrum auf Grand Bahama, für ihre Geduld und ihren Professionalismus.
Coral Bay Cruise und Coral Star dafür, daß sie uns einmalige Augenblicke
mit den Delphinen erleben ließen.
Der Firma La Spirotechnique, deren Material wir zur vollsten Zufriedenheit bei Hunderten von
Tauchgängen benutzt haben, die wir speziell zur Vorbereitung dieses Buches absolvierten.
Wer auch immer bei der Erstellung dieses Buches mitgeholfen hat – alle Tauchlehrer und Tauchguides,
die nicht gezögert haben, uns freundschaftlich ihre geheimen, unterseeischen Gärten zu offenbaren –,
sei mit Dank bedacht.

Fotos von Patrick Mioulane und Raymond Sahuquet, unterstützt von Fotografen
der Agentur MAP/Mise au Point, Evry/Frankreich.

Die Mehrzahl der Aufnahmen für dieses Buch wurde mit Geräten der Firma Nikon realisiert, namentlich
mit der Nikonos V mit Objektiv 15 mm und den Blitzen SB 102 und 103. Die Autoren
danken ganz besonders Nikon France für technische Unterstützung und für den kompetenten Fachservice.
Filme Fuji Velvia. Entwicklung Laboratoires Central Color und Atelier Martini.

Übersetzung: Hans-Jürgen Haltinger

BLV Verlagsgesellschaft mbH
München Wien Zürich
8000 München 40

Titel der französischen Originalausgabe:
Les Caraïbes en 80 Plongées
© 1992 Hachette/CIL, Paris

Deutschsprachige Ausgabe:
© 1992 BLV Verlagsgesellschaft mbH, München

Lektorat: Edith Ch. Kiel
Layout: Philip Oldfield
Umschlagentwurf: F & H Werbeagentur GmbH, München
Satz: Filmsatz Schröter GmbH, München
Druck: Jean Lamour, Frankreich
Printed in France · ISBN 3-405-14390-X

Die Deutsche Bibliothek – CIP-Einheitsaufnahme
Tauchparadies Karibik: die 80 schönsten Tauchplätze /
Patrick Mioulane; Raymond Sahuquet.
[Übers. aus d. Franz.: Hans-Jürgen Haltinger]. –
München; Wien; Zürich. BLV, 1992
    Einheitssacht.: Les caraïbes en 80 plongées (dt.)
    ISBN 3-405-14390-X
NE: Mioulane, Patrick; Sahuquet, Raymond; EST